KB147131

특수고용과 젠더

학습지 교사는 왜 근로자가 아닌가?

특수고용과 젠더

학습지 교사는 왜 근로자가 아닌가?

초판 1쇄 인쇄 · 2019년 1월 25일
초판 1쇄 발행 · 2019년 1월 30일

지은이 · 원혜정
펴낸이 · 한봉숙
펴낸곳 · 푸른사상사

주간 · 맹문재 | 편집 · 지순이 | 교정 · 김수란
등록 · 1999년 7월 8일 제2-2876호
주소 · 경기도 파주시 회동길 337-16 푸른사상사
대표전화 · 031) 955-9111(2) | 팩시밀리 · 031) 955-9114
이메일 · prun21c@hanmail.net
홈페이지 · http://www.prun21c.com

ⓒ 원혜정, 2019

ISBN 979-11-308-1404-9   93330

값 19,000원

저자와의 합의에 의해 인지는 생략합니다.
이 도서의 전부 또는 일부 내용을 재사용하려면 사전에 저작권자와 푸른사상사의
서면에 의한 동의를 받아야 합니다.

이 도서의 국립중앙도서관 출판예정도서목록(CIP)은 서지정보유통지원시스템 홈
페이지(http://seoji.nl.go.kr)와 국가자료공동목록시스템(http://www.nl.go.kr/kolis-
net)에서 이용하실 수 있습니다.(CIP제어번호 : CIP2019002065)

여성학 총서 15

THE SPECIAL EMPLOYMENT AND GENDER
Why are home-study teachers' right as workers not
guaranteed by the Labor Standard Act?

특수고용과 젠더

학습지 교사는 왜 근로자가 아닌가?

원혜정

푸른사상
PRUNSASANG

특수형태근로종사자의 노동권에 대한 요구는 1998년부터 이미 있어왔다. 당시 학습지 교사, 애니메이션 종사자 등은 노동법의 보호를 받도록 해달라고 주장하였으며, 2000년엔 보험 모집인들이 노조를 설립해 근로자성을 인정해달라고 촉구한 바 있다. 이에, 노사정위원회는 2003년 9월부터 2005년 6월까지 보호 방안에 대해 논의하였으나 합의에 이르지 못했고, 특수형태근로종사자의 노동권 요구는 여전히 현재 진행 중이다. 또한 고용노동부에서 실시하는 고용 형태별 분석 보고서에는 특수형태근로종사자의 근로시간, 사회보험 여부 등이 파악되지 않아 모든 통계 데이터에서 '제외'하였음을 자료 이용 시 유의 사항으로 명시하고 있다. 이들의 노동은 어디에서도 명확하게 파악할 수가 없는 것이다.

이 글은 이러한 특수형태근로종사자 중에서도 여성 집중 직종이라 할 수 있는 학습지 교사들이 노동권을 주장할 수 있는 '근로자'로서의 요건들을 갖추고 있는지에 대하여 근로자성 판단 기준을 중심으로 분석하였다. 학습지 교사는 80년대까지는 정규직이었던 직종이다. 그러나 노동시장의 수량적 유연화의 결과로 조직의 핵심 직무임에도 불구하고 주변화 직무로 전락, 특수 형태 직종으로 전환되었다. 이들은 정규직이던 때와 동일한 업무를 수행함에도 불구하고 정규직이 받을 수 있는 사측으로부터의 모든 복리 후생 및 국가로부터의 법적 보호를 받을 수 없게 되었다. 결국 신자유주의적 노동의 유연화는 대표적인 여성 집중 직종인 학습지 교사들의 직무를 주변화시킴과 동시에 법적 보호를 받을 수 없는 고용 형태로 전환하여 여성 노동 자체를 시장에서 보이지 않게 만들어버린 것이다.

특수형태근로종사자에 대한 논의는 그들이 근로자인지 아닌지에 대한 '정의' 내리기 논의를 시작으로 현재는 근로자이든 아니든 법적 보호가 필요한 직종이라 여겨 산업재해보상법 및 고용노동법 등이 적용 · 추진되고 있다. 그러나 근로자, 자영인 아니면 또 다른 새로운 고용 형태로 명확히 정의되지 않은 상황에서의 보호법은 그 적용에 있어 많은 한계를 지닌다. 또한 현재 보호법 중 하나인 산업재해보상보호법은 필수가 아닌 선택적으로 적용되고 있어 평균 10% 미만이라는 저조한 가입률을 보이고 있다.

특수형태근로종사자에 관심을 갖고 연구를 해보고자 결정하였을 때, 주변에서 너무 쉽게 만나고 접할 수 있는 직종이 학습지 교사였기에 인터뷰와 설문조사 등으로 현장의 의견을 들을 수 있을 것이라 생각하였다. 그러나 그동안의 연구들과 실제 학습지 교사들의 현장을 이해하기에는 충분한 자료와 이야기를 들을 수가 없었다. 학습지 교사의 근로자성에 대해 분석하기 위해서는 직접 현장에서의 경험이 무엇보다 필요할 것이라 생각하였고, 필요 시 심층 인터뷰를 통해 학습지 교사에 대한 법원의 근로자성 판단이 그들의 노동 과정을 제대로 반영하고 있는지를 살펴보고자 하였다.

심층 인터뷰에 응해준 학습지 교사 노조에서는 학습지 교사는 근로기준법상 근로자에 해당한다는 주장을 해오고 있음에도 불구하고 여전히 근로자성을 인정받지 못하고 있다. 또한 동일한 판단 기준하에서도 하급심과 상급심에서 근로자성에 대한 다른 해석이 이루어지고 있으며, 그 결과도 다르게 나타나고 있었다. 물론 2018년 8월 대법원으로부터 노동조합법상 근로자임을 인정받기에 이르렀으나 여전히 학습지 교사는 근로기준법상 근로자가 아니다.

그러나 필자는 연구를 통해 실제 학습지 교사의 노동 과정을 중심으로 각 근로자성 판단 기준들에 대한 사항을 분석해본 결과, 학습지 교사는 회사에 고용된 근로자라는 사실을 알 수 있었다.

먼저 업무 수행 내용과 방법이라는 사용종속성 측면에 있어 학습지 교사는 위탁계약을 맺고는 있으나 자율적 재량이 아닌 회사의 관리 감독을 받으며 업무를 수행하고 있었다. 업무를 수행하는 데 있어서 필요한 의사 결정은 팀장 및 지점장의 결정에 따라야 하며, 실제 수행하고 있는 업무 내용도 정규직 학습지 교사들과 다르지 않았다. 수행하고 있는 업무 내용은 개인의 역량에 따라 전달의 효과 차이는 있을 수 있으나 철저히 회사의 학습 시스템 및 지침서를 바탕으로 회원들에게 전달되고 있었다. 이들의 업무 수행 장소와 시간 역시 회사에서 정한 장소에서 회원과의 일정 협의를 통해 이루어지고 있었으며, 개인별 팀별 목표 부여를 통한 지휘 감독하에서 일하고 있었다. 즉, 업무 수행 내용과 방법에 있어 사용자의 상당한 관리 감독을 받고 있는 것이다. 다음으로 보수의 성격과 내용 측면을 살펴보면, 법원은 학습지 교사의 보수는 수수료 체계로 운영되기 때문에 근로의 대가성이 아니며 임금의 성격을 지니고 있지 않다고 판단하고 있다. 그러나 성과급이라고 정의되어 있는 수수료는 매월 정기적으로 지급되고 있으며, 기본급은 없으나 지급되는 금액이 매월 거의 같다는 점 등을 이유로 근로의 대가라 판단할 수 있었다. 마지막으로 사측은 특수형태근로종사자들에게 의무적으로 산재보험 가입을 권고하는 것을 무시한 채 상해보험으로의 가입을 회유하고 있었다. 이는 보험료 절감 및 향후 발생할 수 있는 '근로자성' 논의의 정당성을 배제하기 위한 사측의 전략임을 분석을 통해 알 수 있었으며, 근로 제공 관계 역시 1년 계약이긴 하나 그 계약이 지속적으로 유지되는 비율이 높다는 점은 학습지 교사가 근로자라는 것을 설명하는 충분한 자료가 될 수 있음을 알 수 있었다.

이 책의 의의는 '근로자성'을 분석하는 데 있어 실제 특수형태근로종사자의 다수를 차지하고 있는 학습지 교사의 노동 경험에 입각하여 그 근거를 판단해보고자 했다는 점이다. 또한, 분석의 틀에 현재 법원의 근로자성 판단 기준을 적용함으로써 여성 집중 직종인 학습지 교사의 근로자성 판단이 현재의 틀 안에서도 다르게 해석될 수 있음을 제시하였다.

이미 일각에서는 근로자성 판단 기준이 노동시장의 유연성과 업종의 다양성 등을 포괄하지 못하는 한계를 가지고 있다고 지적하며, 판단 기준의 확장 및 해석의 유연성을 제언하고 있다. 이 책은 새로운 판단 기준의 제시가 아닌 현재를 기준으로 한 근로자성 인정이라는 한계를 지니고 있기는 하지만, 필자는 먼저 기존의 틀 안에서도 학습지 교사가 근로자로 인정받을 수 있는 노동임을 드러내고 싶었다. 향후에는 현재 근로자성 판단 기준에 대한 여성주의적 연구도 이어져야 할 것이며, 특수형태근로종사자에 속해 있는 많은 여성 노동자들의 노동이 현 노동시장 틀 안에서도 제대로 그 가치를 인정받을 수 있는 다양한 연구가 지속되어야 할 것이다.

2019년 1월
원혜정

차례

제1장

서 론

1. 불분명한 고용 형태, 특수고용

　자유 시장경제를 기반으로 한 신자유주의적 유연화 전략 도입
은 1997년 외환 위기 이후 우리나라 노동시장에 많은 영향을 끼
쳤다. 노동자들에 대한 정리해고가 가능해졌으며, 정규직은 비정
규직으로 대거 전환되어 노동자 간 불평등과 고용 불안, 노동자
의 인권을 무시한 고용 환경에 노출되는 등의 문제가 발생하였다.
비정규직으로 전환되거나 비정규직화된 직업의 노동자들은 근로
자로서의 권익 보호를 위한 다양한 투쟁을 전개해나갔고, 그 결과
2007년 7월부터 비정규직들의 법적 권익을 보호하기 위한 '비정
규직보호법'[1]이 시행되었다. 이는, 산재되어 있는 비정규직 관련

1　'비정규직보호법'은 비정규직 근로자의 권익 보호를 위해 제정 및 개정된
　　법안으로 '기간제 및 단시간근로자 보호 등에 관한 법률'과 '파견근로자

사항들을 모두 해결해주는 것은 아니나, 비정규직도 법의 테두리 안에서 근로자로서 보호받을 수 있게 되었다는 점과 노동자로서 당연히 가져야 할 권익을 주장할 수 있게 되었다는 점에서 큰 진전을 이루었다고 할 수 있다. 그러나 이 법 역시 비정규직의 분류에 포함되기는 하나 해당 법의 보호를 받을 수 없는 특수형태근로종사자들과 같은 고용 형태는 포괄하지 못한다.

통계청에서 고용 형태에 따른 근로자 분류를 살펴보면, 크게 정규직과 비정규직으로 나뉜다. 정규직이란, 근로 기간이 정해진 바 없이 규칙적이고 상시적이면서 회사가 없어지지 않고, 근로자 본인의 잘못이 없다면 계속 일할 수 있는 자를 의미한다. 비정규직은 정규직과 달리 근로 기간이 정해져 있거나 정규직 근로자보다 짧은 시간 동안 근무하는 자, 간접 고용된 자를 의미하며, 한시적 근로자, 시간제 근로자, 비전형 근로자로 구분할 수 있다. 이 분류 내의 '특수형태근로종사자'는 비정규직의 비전형 근로자 내에 포함되어 있다. 분류상으로는 '근로자'에 포함되는 것이다. 그러나 '특수형태근로종사자'는 여전히 '근로자다 vs 근로자가 아니다'라는 근본적인 문제로 법적 공방을 벌이고 있다. 근로자가 아니기 때문에 이들은 근로기준법 및 노동법의 보호를 받을 수 없다. 대신 이들의 권익은 특별법을 제정하여 보호해야 하는 것인지, 기존

보호 등에 관한 법률' 그리고 '노동위원회법'을 말한다.

법률을 확대하여 적용해야 하는 것인지에 대해 계속 논의 중이다.

특수고용 형태는 노동시장 유연화 전략과 더불어 사용자 측의 노동보호법 적용 회피를 위해 악용되는 고용 형태이다. 사용자와 노동자 간의 계약 형식과 관계를 교묘히 바꾸거나, 보수를 지급하는 방식, 직무의 내용, 근무 형태 등을 기존의 노동법상의 근로자 개념에 부합되지 않는 방식으로 바꿔 법적 보호를 받을 수 없는 자로 남게 한다. 이러한 변화는 여성들이 집중되어 있는 직종을 중심으로 확산되었으며, 노동법의 보호를 받을 수 없음으로 인하여 여성 노동자들의 노동권을 위협하는 상황에 이르렀다(최은영, 2001). 현재 특수고용 형태에는 약 40여 개의 직종이 포함되어 있다. 고용 형태의 특성상 정확한 규모에 대한 통계 자료는 없으나, 대표적인 직종으로 보험설계사, 학습지 교사, 화물차 및 특수차 운전원, 택배원, 텔레마케터, 캐디 총 6개가 포함되어 있다. 한국 고용직업분류(KEDO)상 이 직종들의 취업자 남녀 비율을 살펴보면, 화물차 및 특수차 운전원과 택배원을 제외한 4개의 직종이 여성 중심 직종에 해당하며, 이 직종의 여성 비율은 평균 약 77%[2]이

---

2 한국직업능력개발원 커리어넷(www.career.go.kr) : 직업정보 내 여성 비율 데이터 참조.
  ■ 학습지 교사(81.5%) : http://www.career.go.kr/cnet/front/base/job/jobView.do?SEQ=1106#tab2
  ■ 보험(생활)설계사(65.8%) : http://www.career.go.kr/cnet/front/base/job/

다. 즉, 여성의 노동은 정규직에서 비정규 노동으로, 이는 다시 특수고용 형태로 전환되어 법적인 틀 안에서 어떠한 논의도 보호도 받을 수 없도록 통제당하고 있다고 할 수 있다.

'특수형태근로종사자'라는 틀에 포함되면서 '여성 중심 직종의 특수고용 형태화'에 대한 논의는 그 의미와 중요성이 부각되지 못하고 있지만, '근로자'로 인정받지 못하는 전체 '특수형태근로종사자'들을 위한 논의는 계속 진행 중이다.

이들의 권익 보호를 위한 첫 시도는 2003년 노사정위가 '특수형태근로종사자 특별위원회'를 구성하면서부터이다. 특별위원회는 골프장 경기 보조원(캐디), 학습지 교사, 보험 모집인, 레미콘 트럭 기사 등 자영업자와 노동자 성격을 동시에 갖는다고 여겨져 노동자로서의 기본 권리를 보호받지 못하는 이들의 실태 조사 및 보호 방안에 대한 논의를 시작하였다. 그러나 이 논의는 노·사·정의 이견을 좁히지 못하면서 2005년 보류되게 되었고, 2006년 공익위원회의 재논의에도 합의점을 찾지 못하고 종결되고 말았다.

---

jobView.do?SEQ=222#tab2

■ 캐디(69.9%) : http://www.career.go.kr/cnet/front/base/job/jobView.do?SEQ=412#tab2 ⇒ 캐디가 아닌 캐디가 포함된 기타 여가 및 스포츠 관련 종사원 중 여성의 비율임.

■ 텔레마케터(90.2%) : http://www.career.go.kr/cnet/front/base/job/jobView.do?SEQ=242#tab2

그 후, 2007년 국가인권위원회는 특수형태근로종사자의 계약 존속, 노동3권의 보장, 사회보장제도의 적용 제·개정을 시도하였으나 결실을 맺지 못하였다. 이러한 가운데, 2008년 7월 특수형태근로종사자 대상의 산업재해보상보호법(이하 산재보험)이 선택적으로 적용되었으며, 2016년 6개 직종[3]을 대상으로 한 고용보험 적용을 목표로 한 방안이 추진 중에 있다. 그러나 특수형태근로종사자들이 노동시장 내에서 근로자인지, 자영업자인지, 아니면 또 다른 고용 형태인지 불분명한 상황에서의 사회보험 적용은 한계를 가질 수밖에 없다. 산재보험이 적용된 지 7년여 시간이 되어가는 지금, 가입률은 10% 미만이라는 저조한 결과를 보이고 있다.[4] 특고직의 산재보험 가입은 '필수'가 아닌 '선택'으로 적용되고 있으며, 회사 측 역시 산재보험이 아닌 상해보험으로의 가입을 유도하고 있기 때문이다.

특수형태근로종사자의 불분명한 고용 형태 문제는 국회에 제출

3　6개 직종 : 보험 모집인, 학습지 교사, 골프장 캐디, 콘크리트믹서트럭 운전사, 택배 기사, 퀵서비스 기사

4　현재 산재보험은 일반 근로자의 경우 회사 측이 전액 부담하지만, 특고직의 경우 회사와 개인이 절반씩 부담하고 있고, '적용제외신청' 조항이 있어 당사자가 원하지 않을 경우 가입하지 않아도 된다. 근로복지공단에 따르면 특수고용직 중 보험설계사와 레미콘 기사, 학습지 교사, 골프장 캐디, 택배 기사, 퀵서비스 기사 등 44만 3,000명에 대해서만 산재보험을 적용하고 있는데 적용률은 9.83%에 불과한 실정이다(2014년 6월 기준).

되어 있는 보호입법 방안 내용을 살펴보더라도 중요한 사안이라는 것을 알 수 있다. 현재 발의되어 있는 법안의 유형은 3가지이다. 첫째, 특수형태근로종사자에 대하여 근로기준법과 노조법을 적용하여 노동관계법상 보호 대상으로 하고자 하는 법안. 둘째, 특수형태근로종사자를 원칙적으로 노동관계법상 '근로자'가 아닌 '유사근로자' 또는 '준근로자'로 보는 것을 전제로 한 특별법을 제정하자는 법안. 마지막으로 특수형태근로종사자의 개별적 권리 보호 방안은 별론으로 하고 그들에게 노조법을 적용하여 집단적 권리를 우선적으로 보호하고자 하는 법안이다(김인재, 2009). 즉, 특수형태근로종사자를 근로자로 볼 것인지, 유사한 근로자로 볼 것인지, 아니면 또 다른 형태로 정의할 것인지에 대해 통일된 입장을 보이고 있지 않으며, 그 노동자성을 어떻게 정의하느냐에 따라 특수형태근로종사자들이 받을 수 있는 권익의 법적 테두리가 정의된다는 것을 알 수 있다.

특수형태근로종사자와 관련된 기존 논의들을 살펴보면 '근로자성' 인정(김난희, 2012 ; 남은희, 2000 ; 윤상환, 2012 ; 조성흠, 2006)과 관련된 논의가 대부분이다. 이들은 현 근로자성을 판단할 때 중요한 요인으로 고려되고 있는 '사용종속관계'[5]가 특수형

5 근로자가 사용자에게 고용되어 근로를 제공한다는 것은 사용자의 지휘 · 명령을 받아 그가 원하는 내용의 일을 하는 것을 말하며 이를 사용

태근로종사자와 사용자 사이에 존재한다고 보고, 이들의 노동 실태를 기반으로 한 설명 자료를 제시하고 있다. 그러나 근로자성을 판단하는 판례들은 사안마다 제반 사항을 종합적으로 고려하여 개별적으로 판단하는 경향을 보이고 있으며, 이로 인해 동일한 직종임에도 불구하고 경우에 따라 사용종속성을 인정하기도 하고 인정하지 않기도 하는, 일관되지 않는 결과를 보이고 있다(윤운채, 2004). 하급심에서 근로자성을 인정받았다 하더라도 상급심에서는 기각되는 일도 있어, 당분간 근로자성 인정 문제에 대한 법적 공방은 더 지속될 것으로 보인다.

이 책은 특수형태근로종사자 중에서도 여성의 문제를 드러내기 위해서는 여성 중심 직종의 근로자성을 현재의 법적 기준에서도 인정받는 것이 필요하다는 전제로 시작한다. 먼저, 법원의 근로자성 판단에 있어 특수형태근로종사자들이 어떠한 판결을 받고 있는지를 검토하여 이들이 근로자성을 인정받지 못하는 요인들이 무엇인지를 분석한다. 그다음 요소별 판단 근거와 실제 특수형태근로종사자의 노동 과정을 비교 분석하여 이들을 근로자로 볼 수 있는지 여부에 대해 밝히고자 한다. 이때 노동 과정에서 근로자성 판단 요인인 '업무 수행 내용과 방법'과 '보수의 성격과 내용'을 중점적으로 드러내고자 한다.

종속관계라 한다(『실무노동용어사전』, 2014).

이 책의 내용은 다음과 같이 구성된다.

1장에서는 논문에서 다루고자 하는 문제 제기와 함께 연구의 배경과 특수형태근로종사자 관련 이론, 관련 연구의 검토, 그리고 ILO에서 특수형태근로에 대한 권고안을 살펴본다. 그리고 이 책에서의 주요 연구 대상인 학습지 교사를 사례로 선정한 이유 및 연구 방법론에 대하여 설명한다.

2장에서는 '근로자성'과 관련된 판례 현황을 분석한다. '근로자성' 인정 판례와 함께 학습지 교사의 근로자성에 대해서는 어떻게 논의가 진행되고 있는지를 살펴본다. 학습지 교사에 대한 '근로자성' 판례의 차이는 이 책의 주요 분석 사항이 된다.

3장에서는 학습지 산업과 학습지 회사의 특성에 대해 설명한다. 일반적으로 교사는 어떤 기준으로 선발되며, 어떤 작업 공간에서 일을 수행하고 있는지 제시한다. 4장은 법원의 '근로자성' 판단 기준하에 학습지 교사들의 노동 과정을 분석한다. 근로자성 판단 기준 중 하급심과 상급심에서 다르게 해석하고 있는 '업무 수행 내용과 방법'과 '보수의 성격과 내용'을 중심으로 구체적인 사례를 설명 자료로 제공한다. 이를 통해, 현 근로자성 판단 기준하에 학습지 교사들이 근로자로 인정받을 수 있는지 없는지를 설명한다.

결론에서는 학습지 교사들의 근로자성 인정이 노동시장 내에서 왜 중요하며 어떠한 의미를 갖게 될 것인지에 대해 설명한다.

2. 근로자라는 프레임 안에서의 여성

1) 여성 노동에 대한 정의

우리나라의 여성 경제활동인구는 2017년 11,773천 명으로 전체 여성 경제활동인구 대비 약 50%를 웃돌고 있다. 2016년 OECD 국가들의 여성 경제활동 참가율은 아이슬란드 86.2%, 스웨덴 80.2% 등 평균 63.6%로 우리나라와 비교했을 때 여전히 낮은 수치를 보이고 있다. 물론 여성의 경제활동 참가율을 높이기 위한 다양한 정책 및 활동들이 이루어져 꾸준히 증가하고 있기는 하나, 이것이 곧 여성 노동의 질도 함께 증가하고 있다는 것을 의미하지는 않는다. 2017년 8월 통계청의 근로형태별 부가 조사 결과를 살펴보면, 여성 임금근로자 8,782천 명 중 41.1%가 비정규직으로 구성되어 있으며, 전체 비정규직 근로자 중 여성이 차지하는 비중은 꾸준히 증가하고 있기 때문이다.

[표 1] 여성 경제활동인구 및 참가율(2010~2017)[6]

(단위 : 천 명, %)

구분	2010	2011	2012	2013	2014	2015	2016	2017
여성 경제활동 참가율*	10,335 (49.6)	10,520 (49.8)	10,704 (50.1)	10,862 (50.3)	11,229 (51.5)	11,426 (51.9)	11,583 (52.2)	11,773 (52.7)
여성 임금근로자	7,265	7,476	7,600	7,848	8,141	8,434	8,619	8,782
여성 비정규직**	3,037 (41.8)	3,203 (42.8)	3,154 (41.5)	3,187 (40.6)	3,251 (39.9)	3,390 (40.2)	3,538 (41.1)	3,611 (41.1)
전체 비정규직***	5,685 (53.4)	5,995 (53.4)	5,911 (53.4)	5,946 (53.6)	6,077 (53.5)	6,271 (54.1)	6,444 (54.9)	6,542 (55.1)

주　* ( ) 안은 만 15세 이상 여성인구 중 취업자와 실업자를 포함한 여성 경제활동인구가 차지하는 비중임.

** ( ) 안은 여성 임금근로자 중 비정규직이 차지하는 비중임.

*** ( ) 안은 전체 비정규직 근로자 중 여성 비정규직이 차지하는 비중임.

또한, 본 통계에서 비정규직이라고 정의하고 있는 범위[7] 중 특

―――――

6　통계청, 2017. 『2017년 8월 경제활동인구조사 근로형태별 부가조사 결과』

7　비정규 근로자 대책 관련 노사정 합의문(제1차)(2002.7.22)
　　우리나라의 비정규 근로자는 1차적으로 고용 형태에 의해 정의되는 것으로 ① 한시적 근로자 또는 기간제근로자, ② 단시간근로자, ③ 파견·용

수형태근로종사자는 52만 4,000명이나 국가인권위원회에서 2012
년 발표한 자료에 따르면 5개 직종[8]에 해당하는 근로자가 100만
명이 넘는다. 즉, 고용의 특성상 정확한 데이터를 확인할 수 없는
특수형태근로종사자는 공식적인 데이터와 차이가 있으며, 그 차
이까지 본 통계에 포함된다면 비정규직에서 여성이 차지하는 수
는 더 늘어나게 될 것이다.

경험주의 사회학자들인 밀먼(Marcia Millman)과 캔터(Rosabeth
Moss Kanter)는 현실은 주관적인 것이라는 것, 아니 더 정확히 말
하자면, 사회가 정의하기 나름이라고 이야기한다. 여성 노동이 특
정 일자리에 집중되어 있다는 것, 산업화가 여성 노동의 유형을
변화시키지 않았을 뿐만 아니라 여성이 시장 교환을 위해 생산적
인 노동에 투자하는 시간의 총량을 크게 증가시키지도 않았다는
것(Tilly 외, 1987)은 여성 노동이 노동시장 내에서 어떻게 정의되
어 있는지를 알 수 있게 해준다. 모든 산업과 직종에서 여성 근로
자 잔존율과 여성 상용 근로자 비율은 빠른 속도로 하락하고 있다
(조순경, 2005). 어떤 과업이 여성이 할 수도 있고 남성이 할 수도
있는 일이 아닌 특정 과업은 남자에 의해 수행되고, 다른 것들이

역·호출 등의 형태로 종사하는 근로자를 대상으로 한다.
8   보험설계사 및 간접투자증권 판매인, 학습지 교사, 화물차 및 특수차 운
    전원, 택배원, 텔레마케터.

여성에 의해 행해지는 노동력의 성별 분업(sexual division)은 여성들이 수행하고 있는 과업은 주변적이고 저평가되어 임금 격차의 주된 원인이 되기도 한다(Connell, 2002).

이러한 여성 노동의 정의는 신자유주의 노동시장과 결합하여 더욱더 여성들의 노동을 주변화시키고 주변부 여성 노동자들의 조건을 악화시키는 한편 임금이 감소하는 노동의 여성화 또는 여성 가장의 증가에 따른 비임금 소득 노동의 여성화를 초래하고 있다(Dickinson 외, 2001). 또한, 여성 노동자들의 비근로자화 전략에 의해 위장된 방식으로 종래의 고용 관계를 해소시키기도 하며, 고학력 여성이 전문직 기회를 박탈당한 채 노동 강도가 심해지고 불안정한 이등 직업 신분 계급의 노동자로 전락하도록 작동하기도 한다(이영자, 2004).

노동시장 유연성론에서 가정하고 있는 전제는 '기업 외부에서 활용되는 노동력이나 업무는 주변적'이라는 것이다. 그리고 이러한 가정을 확신시키는 근거는 기업 외부화된 생산 과정에 기혼 여성들의 참여가 두드러진다는 것이며, 이는 결국 기혼 여성들은 경쟁력이 떨어지는 주변 집단으로 범주화되어 업무 성격 역시 단순 반복적인 주변 업무라는 가정을 전제하게 되는 것이다(전명숙, 2000). 이렇게 분할된 노동시장은 여성의 노동시간 연장과 임금 삭감을 위한 전략 중 하나라 할 수 있다. 이것은 곧 기업의 절대 및 상대적 잉여 가치 모두를 증대시키며, 성과급제는 이러한 가치

증대의 중요한 전략이라 할 수 있다. 왜냐하면 관리 감독의 필요를 줄이고 다른 이익을 축적할 수 있으며, 그 축적 과정에서 고용주의 성공을 위해 특정 부문들의 지속적인 궁핍화를 노동자가 부담하게 되기 때문이다(Custers, 1997).

결국 신자유주의에 의한 노동 유연화 전략은 여성 노동의 비정규직화라는 차별의 문제를 드러냈고, 이제 시장은 여성 노동을 특수고용직화시킴으로써 드러난 문제 자체를 인식하지 못하도록 하고 있다. 이로 인하여 비정규직의 문제를 이야기하면서 특수형태근로종사자들을 포함할 수 없으며, 특수형태근로종사자를 이야기할 때 여성 노동자들의 이야기를 드러낼 수가 없게 된 지금, 특수형태근로종사자인 여성들의 문제를 드러내는 것은 향후 여성 노동의 문제를 이야기할 수 있는 중요한 데이터가 될 것이다.

2) 근로자성 판단에 대한 기준

(1) 특수형태근로종사자의 근로자성 관련 연구 검토

특수형태근로종사자와 관련한 논의는 2000년 이후부터 활발하게 이루어져왔으며, 주요 논의는 크게 두 가지 방향으로 나뉜다. 먼저, 특수형태근로종사자들의 권익 보호를 위한 입법화 방향 제시와 이들의 근로자성을 어떻게 인정할 것인가에 관한 부분이다.

그중 특수형태근로종사자들의 '근로자성'과 관련된 논의는 '특수형태근로종사자는 근로자이다'라는 명제를 기반으로 진행된다. 근로자성을 판단할 때 중요한 지표로 활용되고 있는 '종속성' 관련 지표들을 특수형태근로종사자들의 근로 형태 분석을 바탕으로 비판하며, 현재의 근로자성 판단 기준에 따른 해석을 확대하고 새로운 노동시장을 포괄할 수 있는 객관적 판단 기준을 마련해야 할 필요성을 제시하고 있다. 윤운채(2004)는 기존의 '사용종속성' 해석이 전통적 의미로 너무 협소하게 이뤄지고 있는 점을 비판한다. 다양한 고용 형태가 등장한 현 시기에 부합하도록 기존의 종속성 판단 기준 외 사업 결합성(노무 자체의 성질, 노무 이용자의 권한, 노무 공급자의 사정 등)을 고려함으로써 근로자성이 새롭게 모색되어야 한다고 제시하고 있다. 조성흠(2005) 역시 기존의 노동법상 근로자성 판단 기준의 확장이 필요함을 제시하였다.

연구 방법 측면에서 기존 논의들을 살펴보면, 대부분 문헌 분석과 양적 방법론을 중심으로 진행해왔다는 공통점을 갖는다. 주제별 대상을 중심으로 설문조사를 실시하고 실시 결과를 분석하여 제시한 논의들은 '평균'값으로 인한 해석의 한계를 드러내고 있으며, 질문에 대한 구체적인 이야기를 드러낼 수 없었다는 한계를 가지고 있다. 그중 남은희(2000)는 학습지 상담교사들을 대상으로 심층 면접 방법을 통해 접근했다는 차별점을 갖는다. 이를 통해 법적으로는 상업 계약을 맺고 있지만, 고용계약하의 노동자와 유사한 통제를 받고 있는 학습지 상담교사의 근로자성 판단 기준이 확대될 필요가 있음을 주장한다. 또한, 이러한 통제 방식이 제조업이 아닌 '서비스업'이라는 산업 특성 내에서 어떻게 재생산되고 있는지를 회사의 상담교사에 대한 지배 구조를 분석함으로써, 실질적으로 사용종속적 관계를 분명 유지하고 있다고 주장하였다. 김난희(2012)는 법원으로부터 근로자성이 부정된 구성작가와 대리운전 기사의 노동 실태를 바탕으로 특수형태근로종사자에 대한 근로자성 판단 기준을 제시하고 새로운 해석론을 정립하였다. 이를 위해 문헌 연구와 실태 조사 분석(설문과 심층 인터뷰 실시)을 진행하였으며, 구성작가와 대리운전 기사의 노동 실태를 법원의 근로자성 판단 기준 요소[9]의 일부 항목들에 대한 인터뷰 내용을 근거로 해석하였다. 그 결과 현 법원에서 근로자성은 부정되었다고 하더라도 이들은 근로자로 인정되어야 함을 제시하고 있다. 즉, 근로자성을 판단하는 기준에 있어 기존의 해석의 범위를 확장해야 함과 동시에 각 고용 형태들의 노동 실태를 바탕으로 판단되어져야 함을 제시하고 있다.

지금까지 살펴본 기존 연구에서는 연구 내용과 범위, 방법론 측

---

[9] 취업 경로, 계약 내용, 보수 및 기타 근무 조건, 근무 시간 및 근무 장소, 업무 내용 및 지휘·통제 환경, 업무의 전속성 및 대체성 여부 등.

면에서 다음과 같은 한계점이 있다.

첫째, 입법 방향 제시와 근로자성 인정과 관련한 논의는 대부분 문헌 분석 및 설문조사 결과를 바탕으로 분석 및 전개되었다는 점이다. 남은희(2000)와 김난희(2012)의 경우 기존 방법론을 보완하기 위해 특수형태근로종사자와의 인터뷰를 병행하여 진행했으나, 이러한 방법론으로 논의가 전개된 사례가 많지 않다. 또한, 양적 방법론으로 진행된 연구들을 살펴보았을 때, 실제 현장에서 문제로 지적되고 있는 사안들을 '긍정적'인 사안으로 잘못 해석하여 개선 및 해결 방안을 제기하는 사례[10]가 발생하기도 하며, 해당 결과

---

10 배권탁(2008)은 「특수형태근로종사자 보호 방안(입법)에 관한 연구」를 진행함에 있어 우리나라 학습지 산업의 대표적인 기업 4곳의 학습지 교사들을 표본 모집단(46,400명)으로 삼고 그중 2%(928명)를 표본수로 추출하여 총 172명(응답률 24.3%)의 설문 결과를 바탕으로 분석을 실시하였다. 해당 설문 결과 중 일부 내용을 살펴보면, 학습지 교사들은 현재와 같은 위탁 사업 방식의 업무 형태에 대해 43%가 만족한다고, 보통을 포함하면 76%로 '높은 만족도를 보이고 있다'고 분석하였다. 만족 이유는 '개인 여건에 대한 충분한 활용'과 '자유로운 업무 시간'이라는 항목이 가장 높게 나타났으며, 이는 학습지 교사들이 가사와 업무를 병행할 수 있는 현재와 같은 자유로운 위탁 사업 방식에 대해 만족하고 있음을 볼 수 있다고 정리하였다. 이는 직업에 대한 만족을 '보통'이라고 정의한 이들의 '보통'이 무엇을 의미하는지 파악해보지 않고 '만족한다'라는 입장으로 정의함으로써 현 체제에 대해 대부분 '만족한다'로 결론 내린 부분은 성급한 일반화의 오류라고 할 수 있다.

가 이야기하는 바를 구체적이고 명확한 근거로 활용하는 데 한계가 있다.

둘째, '근로자' 개념에 대한 논의가 활발하지 못하다. 즉, 근로자도 자영업자도 아닌 중간자적인 성격을 갖는 것으로 정의된 특수형태근로종사자들에 대해 명확한 고용 형태에 관한 논의가 이루어지고 있지 않다는 것이다. 현재까지 법원의 판결을 살펴보면 특수형태근로종사자라는 개념과 정의가 거론된 적이 없고, 이들이 근로자인지 독립 자영업자인지에 대한 판단만 있을 뿐이다(김난희, 2012). 근로자 개념과 관련해서는 해외의 근로자 개념 특징을 분석함으로써 현재의 특수형태근로종사자들을 설명할 수 있는 대안을 찾고자 하는 시도는 진행되었다. 이는 '근로자 개념이 확대되어야 한다'라는 입장과 '유사근로자' 형태의 개념 도입을 통해 이러한 애매한 위치를 정리하고자 하는 시도 정도로 진행되고 있다. 그러나 '유사근로자' 형태의 접근 방법에 대한 한계(조경배, 2004 ; 김인재, 2009)를 지적하는 논의도 진행되고 있는 만큼 특수형태근로종사자의 노동시장 내에서의 위치를 어떻게 정의할 것인가 하는 문제도 분명히 짚어주어야 하는 시점이다.

셋째, 현재의 근로자성 판단 기준에 대해서는 현 노동시장의 유연성과 업종의 다양성 등을 포괄하지 못한다는 한계를 지적하면서도 여전히 많은 논의들이 기존의 근로자성 판단 기준을 중심으로 논의가 이루어지고 있다. 이는 오랜 기간 견고하게 다져진 법적 틀을 변화시키고자 하는 노력보다는 해당 틀 내에서 인정받는 것이 당면한 문제를 빠른 시간 내 해결하는 방법이기 때문일 것이다. 그리고 학습지 교사와 같이 위장된 자영업자일 경우에는 기존 틀 내에서도 당연히 근로자성을 인정받을 수 있기 때문일 것이다. 이 부분에 있어서는 무엇보다도 기존 틀 내에서도 근로자성을 인정받을 수 있는 구체적인 사례가 제시되어야 한다. 이와 관련하여 공정거래위원회(2004)는 특수형태근로종사자들의 종속적인 관계 여부를 판단함에 있어 대법원 판례에서 제시하고 있는 10가지 사항을 기본으로 하여 심층 면접조사 형태로 연구가 진행했다. 그러나 논의의 방향은 근로자성을 판단하기 위한 논의가 아닌 '실태, 현황'에 초점이 맞추어져 있어 구체적인 노동 과정을 파악하는 데 한계가 있었다. 아직 특수형태근로종사자들의 구체적인 근로 실태를 파악하는 자료들은 일부 직업에 편중되어 있는 상황이다. 앞으로, 양적으로나 질적으로나 구체적인 노동 실태를 파악할 수 있는 작업이 계속 진행되어야 할 필요가 있다.

(2) ILO[11]의 고용 관계 권고안

다양한 고용 형태가 증가하고 노동시장 및 작업 조직의 변화 외에도 현행법의 적용 범위가 협소하거나 불분명한 경우, 고용 관계를 민법이나 상법상의 계약으로 위장하는 경우, 법 준수와 법 집행이 부족한 경우 등으로 노동법 보호를 받지 못하는 노동자가 발생하였다. 이에 ILO는 1997년과 1998년에 '계약노동(contract labor)'이라는 주제로 도급 형식에 의한 노동자를 보호하는 문제를 계속 논의하였고, 2003년 총회를 거쳐 2006년 6월 15일 95회 총회에서 노동자 개념에 대해 논의하여 '고용 관계에 관한 권고(198호)'를 채택하였다(윤애림, 2006 ; 장화익, 2007). 특수형태근로종사자와 같은 개별적 근로 관계의 적용 범위를 확정하는 문제는 정책적인 속성이 강해 각 나라마다 노사관계의 실태에 따라 그 취급 방식이 다를 뿐 아니라 일반론적인 규준을 설정하기가 매우 어렵다고 할 수 있다. 그러나 근로자의 개념이 나라마다 상이하다는 점, 업종과 근로자가 제공하는 업무의 특수성을 감안하여 적용상

---

11 ILO(International Labour Organization, 국제노동기구) : 국제 노동 기준의 수립과 이행 감독을 핵심 기능으로 정부와 근로자 및 사용자의 3자 구도로 운영되는 국제기구이며 UN(United Nations, 국제연합. 이하 'UN'으로 표기) 산하 전문기구이다. ILO는 1919년에 설립되었으며 협약과 권고 등 국제 노동 기준을 채택하고 한국을 포함한 184개 회원국에 대하여 국제 노동 기준의 수용과 이행을 촉구하고 있다(김영미, 2012).

의 특례를 두고 있으며, 근로 시간과 관련한 적용상의 특례가 자주 발견된다는 공통점을 가지고 있기 때문에(유규창, 2004) 이를 판단하기 위한 표준안이 무엇보다 필요하다 할 수 있다.

ILO는 고용 관계를 판단할 때 각국의 법률이나 관습을 통한 구체적인 지표 정의를 원칙으로 하되, 실질적인 방법(Practical methods)과 고용 관계에 대한 판단 기준(Criteria for identifying an employment relationship)을 구분하여 관련 원칙을 제시하고 있다.

[표 2] ILO의 고용 관계에 대한 권고안(198호)[12]

구분	내용
실질적인 방법	법률상 추정
	노동자의 조직에의 통합
	고용 상태에 대한 고지 의무
	사실 우선
고용 관계에 대한 판단 기준	종속 또는 의존
	일에 대한 통제와 지시
	조직 내 노동자의 통합
	업무가 오로지 또는 주로 타인의 이익을 위해 수행됨
	노동자 개인적으로 업무를 수행함

---

12 ILO, *The Employment Relationship: An annotated guide to ILO recommendation No. 198*, 2007(번역 : 필자).

고용 관계에 대한 판단 기준	특정한 시간과 지정된 장소에서의 업무 수행
	특정 기간 동안 또는 지속적으로 업무 수행
	노동자의 이용 가능성 요구
	노동을 요구하는 이에 의한 도구, 장비 제공
	근로자에 대한 정기적인 보수 지급
	유일한 또는 주된 수입원
	현물 지급
	권리의 인정
	업무 수행 시 발생되는 여비 지급
	노동자에 대한 재정적 위험 부담

　위의 지표들은 규정적인 것이 아니라, 각국의 법 제도에 대한 비교법적 검토를 거쳐 회원국의 국내 정책 수립에 있어 참조할 만한 것들을 예시한 것이다. 우리나라의 판례와 비교하여 주목할 점은 '기업 조직에의 통합'과 '타인의 이익을 위한 노동'이 판단 지표로 활용되고 있다는 것이다(윤애림, 2006). 현재 우리나라의 근로자성 판단 기준 내에는 ILO에서 권고하고 있는 지표들이 다수 포함되어 있다. 특히, 법률상 추정과 사실을 우선으로 하는 지표는 현재 '계약의 종류와 상관없이'로 해석되어 판결 시 영향을 미치고 있다. 그러나 사안별 해석에 있어서는 개별적으로 판단되고 있는 만큼 제시된 권고안이 어떻게 적용되고 활용되고 있는지를 지속적으로 참고할 필요성은 있어 보인다.

3. 여성의 노동 들여다보기

　필자는 특수형태근로종사자의 업무를 구체적으로 파악하기 위해 참여관찰과 인터뷰를 병행하여 시도하였다. 법원의 근로자성 판단은 '판단의 기본 원칙-제 지표의 종합적 판단-결론'이라는 정형화된 판단 구조를 따르고 있다. 그 결과 구체적인 사건에서 판단자가 어떤 요소에 가중치를 두느냐에 따라 판단 결과가 달라질 수 있는 문제점을 안고 있다(김유성, 2005). 따라서 사건 판단의 구체적이고 명확한 근거를 제시하는 것이 근로자성 인정에 반드시 필요한 사항이라고 생각하며, 이는 실제 그 노동 과정을 경험해 본 사람만이 제시할 수 있는 것이라 생각하였다. 이를 위해 실제 특수형태근로종사자들의 업무 수행 과정 및 내용을 분석함으로써, 기존의 근로자성 판단 및 해석의 객관성을 높일 수 있는 증거들을 제공해주고자 하였다. 그리고 현재의 근로자성 판단 기준하에서도 이들이 근로자로 인정받을 수 있는지 없는지를 드러내고자 한다.

이를 위해 필자는 특수형태근로종사자 중 정규직이었으나 노동시장의 유연화 및 성과주의 문화 확산으로 인해 위탁계약직으로 전환되었고, 근무 인력의 상당수가 여성으로 구성되어 있는 학습지 교사를 연구 대상자로 선정하였다. 기존의 문헌 분석과 양적 방법론을 중심으로 이루어졌던 논의와는 달리 참여관찰법과 인터뷰를 통해 구체적인 사례 기반의 질적 연구 방법으로 진행하였다.

1) 특수고용 형태로 취업하기

기존 연구 검토 과정에서도 한계로 제시하였던 부분은 바로 특수고용직들을 대상으로 그들의 구체적인 업무를 경험하고 분석한 사례가 거의 없었다는 점이다. 물론, 심층 인터뷰 방법으로 연구를 진행한 사례[13]가 있다.

그러나 일반적으로 근로자성에 대한 논의는 주로 판례를 분석

---

13 내용의 범위는 근로자성 인정과 관련한 요소 중 '종속성'을 설명하기 위한 관리 방식 부문에 대한 사실 상황을 설명하는 방법(남은희, 2000)과 취업 경로부터 다양한 종속성 판단 근거들에 대한 근무 실태를 제시하며 기존 판례의 판단이 지닌 한계를 제시하는 형태(김난희, 2012)이다.

하는 방법으로 이루어지고 있는데 이는 논의 전개에 있어 크게 두 가지로 구분해볼 수 있다. 먼저, 판단 방식에 따라 법원에서 근로자성을 어떻게 해석하고 있는지를 중심으로 분석한 후, 지표 자체가 근로자성 판단 및 해석에 한계가 있음을 제시한다(박제성, 2007 ; 장우찬, 2013). 이때 새로운 관점이 필요함을 제시하여 해당 관점을 기준으로 기존의 근로자성 판단 해석을 재해석, 결국 근로자성이 인정된다고 주장한다(윤애림, 2012). 두 번째는, 기존의 근로자성 판단에 대한 판례를 분석하여 근로자성 판단 지표하에서 해석의 오류를 지적하며 해당 지표 내에서도 근로자성이 당연히 인정됨을 주장한다. 그러나 이때의 주장 방법은 구체적인 사례가 아닌, 필자 입장에서의 해석상 당연히 인정되는 부분이라는 형태로 논의[14]가 이루어지고 있다(임상민, 2014). 즉, 구체적인 정보가 아닌 사실 관계 및 내용을 살펴보았을 때 누가 해석하느냐에 따라 차이가 발생할 수 있다는 점을 드러내는 한계를 지니고 있다. 이와는 달리 양적 방법론으로 특수형태근로종사자들을 대상

---

14 예를 들면, 법원 판례상 근무 시간과 근무 장소의 구속이 이루어지지 않는다라고 해석한 부분은 '사실 관계에 비추어보면 당연히 인정된다.'로 해석, 임금의 경우 '고정급일 뿐만 아니라 지입차주가 받는 대가는 지입회사로부터 받는 은혜적 급부가 아니므로, 자신이 제공하는 근로 자체의 대가라 할 것이다.'라는 형태로 간단하게 법원의 해석에 오류가 있음을 단편적으로 지적하고 있다(임상민, 2014).

으로 설문조사 및 통계분석 방법을 활용하여 논의를 진행하기도 하였다(조준모, 2003; 배권탁, 2008). 그러나 설문조사의 경우 고용 형태의 특성상 설문지를 수거하는 데 많은 한계가 있으며, 전체 모수조차 정확히 파악하기 힘든 상황에서 유의미한 데이터임을 증명하는 데 한계가 있었다. 또한, 통계 분석 툴을 활용한 실증 분석의 경우 전체적인 실태 파악보다는 특정 지표 간의 관계 정도만을 파악할 수 있기 때문에 이 분석 내용으로 구체적인 사안을 파악하는 데 한계가 있다.

결국, 근로자성 논의에 있어서는 실질적이고 구체적인 경험과 현장을 파악한 연구가 매우 부족한 상황이며, 이러한 연구들이 판례 분석에서 발생할 수 있는 해석상의 차이를 어느 정도 좁힐 수 있게 될 것이라 생각한다.

따라서 필자는 참여관찰 및 심층 인터뷰 형태로 연구를 진행하였다. 참여관찰은 연구 대상의 업무 및 경험을 이해하기 위한 목적에 따라 진행하였다. '학습지 교사'를 연구 대상으로 선택한 후 이들의 업무를 파악하고 이해하기 위해 먼저 관련 자료를 조사하였다. 그러나 학습지 교사들과 관련된 대부분의 자료들은 설문조사 형태로 이루어진 자료들이었고 좀 더 깊이 있는 내용을 얻기에는 한계가 있었다. 또한, 정보 생성 시기는 학습지 교사들에 대한 사회적 관심이 높았던 2002년 이전이 대부분이었다. 현재 시점에서 접할 수 있는 대부분의 정보는 직업정보를 제공하는 사이트에

등록된 정보들과 인터넷을 통해 확인할 수 있는 정보들이었으며, 내용은 대부분 유사하였으나 모두를 신뢰할 수는 없었다. 또한, 해당 분야의 사전 지식 및 경험이 없는 필자로서는 그들이 사용하는 용어 및 업무 내용을 구체적으로 이해하는 데 한계가 있다고 판단되어 직접 학습지 교사 업무를 경험하기 위한 참여관찰을 시도하였다. 참여관찰은 학습지 교사가 되기 위한 채용 정보 수집, 지점장 면담, 채용 설명회 참석, 서류 및 면접 과정(1개월)과 면접 통과 후 진행되는 신입교사 입문 교육(2주), 그리고 학습지 교사로 활동한 경험(3개월)으로 이루어졌다.

심층 인터뷰는 학습지 교사의 입장이 아닌 노조와 실제 회사 경영진의 입장을 들어보기 위해 진행하였다. 오랜 기간 학습지 교사들의 권익 보호를 위해 투쟁 중인 B사 노조위원회 담당자들과 현재 학습지 회사에 근무 중인 사업 관리 담당자를 인터뷰 대상자로 포함하여, 법원 판결 시 발생되는 사측과 노측의 입장 차에는 어떠한 부분들이 있는지에 대해서도 사례를 수집하였다.

2) 대표 특수고용직:학습지 교사

이 책에서 연구 대상은 대표적인 특수형태근로종사자 중 하나의 직종인 '학습지 교사'로 선정하였다.

1980년대까지 학습지 업계는 지속적으로 성장했고, 학습지 교사는 고정급을 받는 근로자였다. 그러다 1989~1991년 과외금지 조치가 해제되어 학습지의 독점력이 약해지고 업체 간 경쟁이 치열해지자 학습지 회사들은 위탁계약제를 도입, 교사들을 실적에 따른 수당 지급을 하는 특수형태고용직으로 전환하였다. 재능교육 사측 문서에는 위탁계약직 도입 사유를 "사원 개인에게 돌아가는 노동 비용을 절감하고, 회원 수 증가에 비례하여 교사 수가 급증함에 따라 발생하는 인사 관리상의 어려움을 해소하기 위한 것"이라고 밝히고 있다(윤애림, 2005). 이후 '근로 조건'은 '일하는 조건'으로, '선생님 관리규정'은 '선생님 업무지침'으로, 보수는 '수수료'로 대체되었고, 4대 보험 및 각종 기업 복지 등에서 제외되었다(이영자, 2004). 학습지 교사들은 기본 보수를 유지하기 위해 스스로 노동 강도를 높여야 하고, 스스로 장시간 노동을 해야만 한다(최상철, 2008).

학습지 교사는 직업 내 여성 비율이 약 88%이다(배권탁, 2008 ; 강숙영, 2011). 대표적인 여성 집중 직업으로 여전히 정규직이던 때와 동일한 업무를 수행하면서도 특수형태근로종사자로 전환된 것은 철저한 성별 분리 구조의 결과라 할 수 있으며, 고용 형태 변화를 의도적으로 경험하게 된[15] '위장자영인'이라 할 수 있다.

---

15 학습지 회사는 고용 관계에 있는 직원(본사에서 근무하는 일반 사무직, 관리직 직원과 각 지국에서 근무하는 지국장, 회계 관리 업무 담당 직원)

2017년 8월 경제활동인구조사 근로형태별 부가조사 결과를 살펴보아도 특수형태고용직 49만 3,000명 중 여자가 33만 6,000명 (68%), 남자는 15만 7,000명(32%)으로 구성되어 있다. 즉, 특수형태고용직 내에서의 여자의 비율이 상당히 높으며, 이는 노동시장의 유연화가 여성들을 대상으로 한 수량적 유연성의 적용 결과라고도 볼 수 있다.

이러한 상황 속에서 학습지 교사는 경영의 유연성을 추구하기 위해 정규직에서 특수형태근로종사자로 고용 관계가 변화되었고, 그 수행 업무에 있어서도 '근로자성' 인정에 대한 당위성을 설명할 수 있는 구체적인 사례 제시가 가능한 대상자라고 판단하였다. 또한 특수고용직 중에서도 대표적으로 많은 논의가 이루어지고 있는 보험설계사와 레미콘 기사, 학습지 교사, 골프장 캐디, 택배 기사, 퀵서비스 기사들에 대한 정확한 규모를 파악해볼 수 있는 통계 자료는 없으나, 학습지 교사가 노동계나 경영계에서 약 10만 명 정도에 이를 것이라 추정되고 있다. 이 수는 특수형태근로종사자 내에서도 학습지 교사가 차지하는 비율이 상당하다고 판단할

과 방문 지도 교사 체제로 나뉘어 있다. 이를 기업에서는 사업부제라고 칭하는데, 사업부제는 학습지 교사들과 개별적으로 계약을 체결하여 회원을 위탁 관리토록 하는 체계를 의미한다. 사업부제 도입 이전 모든 학습지 교사는 정규직이었다. 그러나 80년대 말부터 90년대 초부터 사업부제가 도입되면서, 이들은 위탁계약직으로 전환되었다(김은령, 1995).

수 있으며, 이 사례의 구체화는 타 직업의 구체화 작업의 기반이 될 수 있을 것이다. 마지막으로 최근까지도 '근로자성' 논의와 관련한 법적 공방이 꾸준히 이루어지고 있는 직업이 학습지 교사이기도 하다. 2014년 2월 골프장 캐디가 노조법상 근로자성을 인정받은 판결(대법원 2014.2.13. 선고 2011다78804)이 있으나, 조직의 규모 및 조직화의 가능성에 있어서는 학습지 교사 사례가 의미 있을 것이라 판단하여 최종 선택하게 되었다.

제2장

———

특수형태근로종사자의
'근로자성' 관련 판례 현황

1. 특수형태근로종사자란 무엇인가

'특수형태근로종사자'[1]는 근로기준법상 근로자의 범주[2]에는 포함되지 않으면서 자기 자본을 통해, 또는 민법상의 고용계약이 아닌 도급이나 위임계약 형식을 취하면서 사업을 영위하나 완전한 자영업자의 범주에 포함시키기에도 분명하지 않은 직업 영역의 직군을 통칭하는 말이다.

---

1 특수형태근로종사자는 ① 독자적인 사무실, 점포, 또는 작업장을 보유하지 않고, ② 계약에 의해 주로 특정 사업주에게 경제적으로 종속된 상태, 다만 근로(노무) 제공의 방법, 근로(노무) 시간 등은 독자적으로 결정하며, ③ 타인을 사용하지 않고 자기 스스로 근로를 직접 제공하는 자를 의미한다.

2 근로기준법 제2조 1항 1호에 의하면, 근로자란 직업의 종류에 관계없이 임금을 목적으로 사업이나 사업장에 근로를 제공하는 자를 말한다.

[표 3] 고용 형태에 따른 근로자 분류[3]

대분류	중분류	소분류	정의
비정규직	한시적 근로자	기간제	근로계약을 설정한 근로자
		비기간제	근로계약을 정하지 않았으나 계속 일하는 근로자와 비자발적 사유(계약만료, 일의 완료, 계절근무 등)로 계속 근무를 기대할 수 없는 근로자
	시간제 근로자		파트타임, 아르바이트 등과 같이 일을 시작할 때 정한 시간이 1주에 36시간 미만인 근로자
	비전형 근로자	파견근로자	등록된 근로자 파견업체와 '파견계약서'를 서면으로 체결한 근로자
		용역근로자	고용 관계가 있는 용역업체에 고용되어 용역업체의 지휘, 감독하에 이 업체와 용역계약을 맺은 다른 업체에서 근무하는 근로자
		특수형태 근로종사자	개인적으로 모집, 판매, 배달, 운송 등의 업무를 통해 고객을 찾거나 맞이하여 상품이나 서비스를 제공하고 일한 만큼 소득을 얻는 경우
		가정내근로자	재택근무, 가내하청 등과 같이 사업체에서 마련해준 공동작업장이 아닌 가정 내에서 근무(작업)가 이루어지는 근로자
		일일(단기) 근로자	근로계약을 정하지 않고, 일거리가 생겼을 경우 며칠 또는 몇 주씩 일하는 형태의 근로자
정규직			규칙적이고 상시적이면서, 회사가 없어지지 않는다면 근로자 본인의 잘못이 없는 한 계속 일할 수 있는 근로자

---

3 통계청, 「2014년 8월 경제활동인구조사 근로형태별 부가조사 결과」. 2014, 30쪽.

이러한 유형의 노무제공자를 ILO(International Labour Organiza-
tion, 국제노동기구)는 종속적 위임자 또는 유사근로자, EU는 '경
제적 종속근로자', 독일은 유사근로자,[4] 영국은 노무제공자[5]로 부
르고 있으며 프랑스는 특별한 명칭이 없이 특수형태직군을 지정
하여 개별법으로 보호하고 있다(『실무노동용어사전』, 2014). 우리
나라에서는 1990년 후반 노동법학자들이 독일의 유사자영업자

---

4 유사근로자(Arbeitnehmerähnliche Person)란, 일종의 노무제공자로서, 근
로자와 유사한 경제적 조건하에 활동하는 자를 의미하며, 이에 대해서는
Melsbach가 처음으로 개념을 이론적으로 전개하였다. 독일은 근로자의
본질적 요건인 인격적 종속성(인격적 종속성의 전통적 판단은 근로자가
근로 관계 중에 사용자의 포괄적인 지휘 · 감독하에 자신의 전인격[노동
력]을 맡기는 실제가 존재하는지 여부)을 기초로 근로자성을 판단해왔으
나 1960년 초반부터 인격적 종속성을 판단할 수 있는 하위 지표들을 적
용하여 근로자의 법적 현상을 탄력적으로 판단하고 있다. 또한, 1920년
대부터 유사근로자 개념을 법 개념으로 정립하여 근로자, 유사근로자,
자영자를 인정하는 삼원주의 모델이 형성되어 있어 법적 보호를 받을 수
있다. 최근 판례에서는 '인격적 종속성' 외 '경제적 종속성' 및 '사회적 보
호 필요성'도 중요한 판단 기준으로 적용하고 있다(오상호, 2015).
5 노무제공자(Worker)란, 근로계약 외의 다른 계약에 의하여 '개인이 명시
적이든 묵시적이든, 구두에 의하든 서면에 의하든 계약 상대방을 위하여
일체의 노무나 용역을 직접 제공하거나 행하는 자'를 말한다. 노무제공자
개념은 주로 각종 차별금지법, 최저임금법, 근로시간법, 고용관계법 등
개별 근로조건보호법에서 널리 사용되고 있다. 노동단체법 영역에서 그
성질상 근로자에게 적용될 수 있는 경우를 제외하고는 대부분의 규정이
근로자와 동일하게 적용된다고 볼 수 있다(오상호, 2015).

를 '유사근로자', '준근로자'로 번역하여 소개하면서부터 이 개념을 사용하고 있다. 주체에 따라 '비정형 근로 종사자', '특수고용직', '특수고용근로자' 등으로 혼용되어오다 경영계와 노동계의 의견을 절충하여 '특수형태근로종사자'로 합의하여 사용하고 있다(배권탁, 2008). 그러나 '근로자이다 아니다'라는 이분법적인 법 테두리 안에서 이러한 특수형태근로종사자의 정의는 이들이 근로기준법상 보호도, 완전한 자영업자로서의 보호도 받을 수 없다는 것을 명백히 할 뿐이다.

정의라는 단어는 논리적이며 수학적인 글에서 자주 등장한다는 이유로 위험스러울 정도로 믿음직스럽게 보인다. 이는 복잡한 관계의 진술들 속에서 평이함과 간단명료함을 추구하여 언어에 관한 이론적 논의를 대단히 단순화시켜준다(Quine, 1953). '특수형태근로종사자' 역시 그렇다. 현재 특수형태직종에 포함되어 있는 약 40여 개의 직종[6]에 속한 노동자들은 '특수형태근로'라는 단어

---

6 현재 화물(연대)운송차주, 홍익회 판매원, 대리운전자, 프로(야구)선수단, 영화산업종사자 스태프, 음료·식품 판매원, 오케스트라 단원, 모집인(카드, 대출), 방문판매직, 헤어디자이너, 화장품 방문판매원, 덤프 종사자, 간병인, 방송사 구성작가, 신문 판매 및 광고 외근원, 화장품 판매원, 단순 컴퓨터프로그래머, 텔레마케터, 학원 강사, 정수기 코디, 콘크리트 펌프 기사, 백화점-할인점 판촉판매원, 컨테이너 기사, 퀵서비스 배달원, 애니메이션 작가, 수도 검침원, 자동차 판매원, 시청료 징수원, A/S 기사·탁송 기사, 문화예술인, 야쿠르트 판매원은 '특수형태직종'으

와 그 정의로 아주 간단하게 설명되고 있다. 그러나 이 직종 모두가 현재의 정의 내에서 완벽히 설명되지 않는다. 그럼에도 불구하고 이 직종들은 '특수형태근로'로 분류되어 있으며, 왜 이렇게 분류되었는지는 중요하지 않고, 이 분류에 포함되지 않음을 증명해야만 하는 상황이다. 즉, 누구에 의해 이렇게 정의되었는지 상관없이 이미 정해진 것에서 그것이 아님을 거꾸로 증명해내야 하며, 그 증명 역시 기존의 정의를 벗어나기란 현실적으로 많은 어려움이 있다.

현재, 특수형태근로종사자는 비정규직 내 비전형 근로자로 포함되어 있으나 업종 특성상 사업자등록증을 소유하고 있는 경우(보험설계사, 택배 기사 등) 비임금근로자로 구분되는 경우가 많다. 이로 인해 실제 통계상 종사자를 정확히 파악하는 데 어려움이 있다. 한국 고용직업분류상 취업자 현황을 살펴보면, 특수형태근로종사자는 그 직종이 확대되고 있음에도 불구하고 전체 종사자는 2001년 대비 약 30% 감소한 것으로 나타난다. 애매한 고용형태로 인해 결국 특수형태근로종사자들에 대한 정확한 현황 파악도 할 수 없게 되었으며, 이러한 수치의 감소가 해당 직종의 노동자를 파악하지 못해서인지, 다른 고용 형태로 전환된 것인지도 판단하기 어려워지고 있다. 결국, 정확한 실태 조사가 가능하지

로 분류되어 있다(국가인권위원회, 2012).

않은 상황에서 이들을 위한 대책 마련 또한 정확하게 이루어지기는 어렵다고 볼 수 있다.

특수형태근로종사자에 대한 남녀 현황도 확인해봐야 할 중요한 사항이라 할 수 있다. 2001년 이후, 남자 특수형태근로종사자의 비중은 줄어드는 반면, 여자 특수형태근로종사자는 무려 6% 정도 증가했다. 이는 노동시장 내에서 여성 노동이 특수형태근로라는 고용 형태로 변화되어가고 있음을 알 수 있다.

[표 4] 특수형태근로종사자 연도별 남녀 비율(2001~2017)

(단위 : 천 명, %)

구분	2001	2003	2005	2007	2009	2011	2013	2015	2017
전체	810	600	633	635	637	614	557	502	493
남자	329 (40.6)	230 (38.3)	240 (37.9)	214 (33.7)	204 (32.0)	198 (32.2)	191 (34.3)	160 (31.9)	157 (31.8)
여자	480 (59.3)	370 (61.7)	394 (62.4)	421 (66.3)	433 (68.0)	416 (67.8)	366 (65.7)	342 (68.1)	336 (68.2)

출처 : 통계청, (2002~2017) 경제활동인구조사 근로형태별 부가조사 결과

특수형태근로종사자들에 대한 데이터를 통해 알 수 있는 또 하나는 직업별 남녀 비율 중 여성이 차지하는 비율이 현저히 높다는 것이다. 대표적인 6개 직업만 살펴보더라도 6개 중 4개 직업에서 여성이 차지하는 비율이 남성보다 높게 나타났다.

[표 5] 한국고용직업분류(KEDO)상 취업자 및 남녀 비율 현황[7]

직업명	취업자 (2011~2012 기준)	남녀 비율	
		여	남
보험설계사 및 간접투자증권 판매인	229,800명	65.8%	34.2%
학습지 및 방문 교사	175,600명	81.5%	18.5%
화물차 및 특수차 운전원	433,100명	0.7%	99.3%
택배원	75,800명	6.3%	93.7%
텔레마케터	50,500명	90.2%	9.8%
캐디	17,700명	69.9%	30.1%

특수형태근로는 사용자와 노동자 간의 문제뿐만 아니라, 남성과 여성이라는 성별 직무 분리를 통해 주변 인력이라고 여겨지는 여성 집중 직무에 대한 수량적 유연성이 반영된 결과라 볼 수 있다. 즉, 특수형태근로는 작업의 외부화, 임금의 유연화 및 수량적 유연화를 통해 이익을 축적하기 위한 전략이라 볼 수 있다.

---

7   한국직업능력개발원 커리어넷, http://www.career.go.kr/cnet/front/base/job/jobList.do#tab1 각 직업별 취업현황/문의기관 내 고용현황 참조.

2. '근로자성' 인정 관련 판례 현황

1) 특수형태근로종사자의 근로자성 인정에 관한 판례들

특수형태근로종사자의 '근로자성'에 관련한 법적 공방은 1990년 이후 꾸준히 진행되고 있다. 노동자가 일을 하는 과정에서 발생하는 여러 가지 사건 사고들은 '근로자'여야만 현행법 테두리 안에서 보호받을 수가 있다. 그러나 가장 기본이 되는 '근로자성'을 인정받지 못한다는 것은 어떠한 사안에 대해서도 보호를 받을 수 없다는 것을 의미하기 때문에 특수형태근로종사자들에게 '근로자성' 인정은 중요한 문제이다. 이러한 공방을 통해 일부 특수형태근로종사자는 '근로자성'을 인정받기도 하였고, 여전히 인정받지 못한 사례도 있다. 또한, 하급심이냐 상급심이냐에 따라서도 근로자성이 인정되었다가 인정되지 않기도 하며, 대법원 판결에서조차 그 결과가 다르게 나타나는 경우도 발생하고 있다. 지금까지의 판례를 살펴보면 어느 특정 직업에 근로자성 인정 판례를 적용하기가 어렵다. 어떤 사안이며 누가 해석하는지에 따라 개별적인 판결이 이루어지고 있기 때문이다.

특수형태근로종사자 중 근로기준법상 근로자성을 인정받은 판례로는 자기 소유의 오토바이를 이용하여 택배 업무에 종사하는 배달원[8]과 화물차 운송 기사,[9] 채권추심원,[10] 대학입시학원 종합반 강사[11] 등이 있다.

(1) 퀵서비스 배달원의 근로자성 인정 판례[12]

A퀵서비스의 배달 업무를 수행해오던 배달원 정 모 씨가 배달 중 교통사고로 사망하였고, 이에 유족들이 근로복지공단을 상대로 '유족보상 및 장의비 부지급 처분 취소'를 청구했다. 사망과 관

---

8   대법원 2004.3.26 선고 2003두13939 판결.

9   대법원 2010.5.27 선고 2007두9471 판결.

10 대법원 2010.4.15 선고 2009다99396 판결.

11 대법원 2006.12.7 선고 2004다29736 판결, 2007.1.25 선고 2005두8463 판결.

12 대법원 2004.3.26 선고 2003두13939 판결.

련된 보상을 받기 위해서는 배달원 정 모 씨가 근로기준법상 근로자인지 아닌지가 중요한 쟁점이 되었다. 법원은 이에 대해 근로소득세를 납부하지 않았고 대기 시간에 개인적인 용무를 볼 수 있었다는 점, 배달 거부 시 별다른 제재를 받지 않았다는 점을 보면 근로자로 보지 않을 여지가 없는 것은 아니라고 하였다. 그러나 이러한 사정은 소규모 사업장에서 비용 절감을 위한 것이거나 사업주로부터 지시가 있는 경우에만 오토바이에 소규모의 물건을 적재하여 배달을 수행하는 외근 업무의 특성에 기인한 것이기 때문에 이러한 사정만으로 근로자가 아니라고 단정하기 어렵다고 하였다. 이외, 근로서약서를 작성하였고 원칙적으로 배달 거부를 할수 없다는 것은 사업주의 지시와 감독을 받아온 것으로 판단 가능하며, 매월 일정 일에 임금을 받아온 것은 임금을 목적으로 하는 종속적인 관계에서 사용자에게 근로를 제공한 근로자로 봄이 상당하다고 판단하여 근로자성을 인정하였다.

근로자에 해당하는 요인
- 근로서약서 작성
  - 매일 9시까지 출근하여 지시받아 배달 업무 수행
  - 배달이 없을 시에는 사무실에 대기
  - 입금한 배달 수수료 중 70% 지급받음
  - 식대로 매일 3,000원씩 지급받음

- 업무 종료 후 사무실에서 수입금 입금
- 해고 가능(장기간 미출근, 근무 중 음주)
- 유류비 중 50% 지원받음
■ 산업재해보상보험 및 고용보험에 가입
■ 원칙적으로 배달 거부를 할 수 없음

근로자에 해당하지 않는 요인
■ 오토바이에 대한 자동차종합보험 가입
■ 근로소득세 납부하지 않음
■ 대기시간에 개인적 용무 가능
■ 국민연금, 건강보험 가입하지 않음
■ 오토바이에 적재하기 어려운 큰 물건이나 무거운 물건의 배달 거부 가능
■ 거부 시 별도 제재 없음
■ 자신의 부주의에 의한 물적 피해는 자신이 책임

(2) 화물차 운송 기사 근로자성 인정 판례[13]

화물 운송 회사와 도급계약을 체결한 운송 기사가 운송 업무 중

---

13   대법원 2010.5.27 선고 2007두9471 판결.

부주의로 사망하게 되었고, 이에 대해 망자의 유족들이 '유족급여 및 장의비 지급'을 청구하였다. 그러나 근로복지공단에서는 망인은 근로자가 아닌 사업주에 해당한다는 이유로 거부하였고, 이에 대한 소송을 청구하였다. 법원은 근로자성 판단에 있어 고용계약인지 도급계약인지 여부는 중요하지 않으며, 그 실질에 있어 근로자가 사업 또는 사업장에 임금을 목적으로 종속적인 관계에서 근로를 제공하였는지 여부가 중요하다고 하였다. 이에 대해 망인이 수행하여야 할 구체적인 업무의 내용을 지정하고 운행 일보 등의 제출을 요구하는 방식으로 운송 기사의 업무 내용을 결정하고 그 업무 수행 과정에서 상당한 지휘·감독이 이루어진 점, 운송 업무에 사용되는 화물차량이 회사의 소유이고 그 운행에 수반되는 대부분의 비용을 회사가 부담한 점, 사실상 제3자에 의한 업무 대행 및 운송 기사의 다른 사업장에 대한 노무 제공 가능성이 제한된 점, 망인이 매월 지급받는 보수는 기본급이나 고정급이 아니라 운반 물량에 의하여 정산한 금액이기는 하나 이러한 성과급의 형태의 금원은 노동의 양과 질을 평가하는 것이라 할 수 있어 근로의 대가인 임금의 성격이 반드시 부정된다고 볼 수 없는 점 등을 종합하여 보면, 망인은 임금을 목적으로 종속적인 관계에서 회사에게 근로를 제공한 근로자에 해당한다고 판결하였다. 또한, 용역계약, 취업규칙 등을 적용받지 않는 점 등은 경제적으로 우월한 지위에서 임의로 정할 수 있는 사항들로 회사가 최소한의 책임만을 부담하면서 근로자를 사용하기 위하여 위장도급의 형식을 취한 것에 불과하다고 판결하였다.

근로자에 해당하는 요인

- 화물차를 소유하지 않고 회사 소유의 차량으로 화물 운송 업무 수행
- 운반 구간별 약정한 용역 단가에 운반 물량을 곱하여 산출한 금액을 정산하여 매월 일정일에 지급
- 유류대, 차량 수리 비용, 제세공과금, 자동차보험료 등을 회사가 부담
- 계약 기간은 1년, 자동 갱신
- 출퇴근은 지정되어 있지 않으나 회사가 운송 기사에게 운반일, 출발 장소, 도착지, 도착 시간을 구체적으로 지시
- 업무 수행 상황 보고
- 운반 물량이 정하여져 있고, 강제적으로 운송 업무 외 추가로 운송 업무가 발생하기도 함
- 계약상 보조운전자 채용 가능하나 채용하지 못하게 함
- 다른 사업자와 거래할 수 없음

근로자에 해당하지 않는 요인

- 화물자동차 운전 용역(도급)계약

- 사업자등록을 통해 세금계산서 발행
- 사업소득 및 부가가치세 납부
- 손해 시 그 손해 상당액을 개인이 배상해야 함
- 타이어 펑크 수리 비용, 벌과금 및 자동차 사고로 인한 비용 중 회사 가입 보험으로 처리할 수 없는 비용 부담
- 취업규칙, 복무규정, 인사규정 등의 적용을 받지 아니함
- 국민연금 및 의료보험 개별적 가입

(3) 채권추심원 근로자성 인정 판례

채권추심원 근로자성에 대해 대법원 2009.5.14 선고 2009다 6998은 계약상 매일 출근의 의무가 없는 점, 취업규칙 적용을 받지 않는 점, 구체적이고 직접적인 관리 감독을 받지 않은 점, 업무에 대해 계약서상 명시된 사항만 따르면 된다는 점, 성과 수수료도 정기적으로 지급되지 않았고 그 금액이 매우 적은 점 등을 이유로 근로자에 해당한다고 볼 수 없다고 판단하였다. 그러나 대법원 2010.4.15 선고 2009다99396 판결에서는 비록 채권추심 업무를 위한 위탁계약서를 작성하였으나, 이들은 근로기준법상 근로자라고 판단하였다. 판단 이유는, 정규직과 위탁계약직의 담당 업무 내용이나 지휘·감독 정도에 차이가 없으며, 근무 시간 및 장소 지정 등 사용자의 통제가 고강도로 이루어졌기 때문에 사용자

와의 종속적인 관계에서 근로를 제공한 것이라 하였고, 계약 내용 내 포함되어 있는 항목들이 비록 취업규칙의 적용은 받지 않으나, 취업규칙으로 갈음할 만한 사항이 모두 포함되어 있기 때문에 근로자에 해당한다고 볼 수 있다고 판단하였다.

근로자에 해당하는 요인

- 정규직과 위탁계약직의 담당 업무 내용이나 지휘·감독 정도에 차이가 없음
- 근무 시간 및 장소 지정, 복장 및 용모 점검, 업무 지시 및 교육 훈련, 부진 시 불이익 등 통제가 고강도로 이루어짐
- 회사에 전속되어 회사 업무만 수행
- 계약 기간은 자동 갱신
- 계약 내용 내 업무 수행 방법, 금기 사항, 보수 지급 기준 등 취업규칙을 갈음할 만한 사항이 모두 포함
- 징계해고나 정리해고 사유들이 제시
- 신용보증서 입보하도록 함
- 전산망 접속 ID, P/W 제공, 집기 등 제 비용 부담

근로자에 해당하지 않는 요인

- 채권추심업무위탁계약서 작성

(4) 대학입시학원 종합반 강사의 근로자성 인정 판례[14]

대학입시학원 종합반 강사의 근로자성 인정 판례는 사용자의 근로계약 갱신 거절은 해고에 해당하며, 이들은 근로자이므로 퇴직금을 지급할 의무가 있다고 판결한 사례이다. 2003년 학원 강사 김○○ 외 3인은 근무하던 학원 원장을 대상으로 종속적인 관계에서 근로를 제공해온 근로자이므로, 근로기준법이 정한 퇴직금을 지급할 의무가 있다고 소를 제기하였다. 이에 대해 1심(부산지법 2003.9.17 선고 2001가합8448)과 2심(부산고법 2004.5.19 선고 2003나14492)에서는 퇴직금은 '근로자'를 대상으로 지급되는 바, 이들은 종속적인 관계에서 근로를 제공했다고 보기 어렵기 때문에 퇴직금 지급 청구는 살필 필요가 없으며, 예고 없이 해고한 것에 대해서도 역시 기간의 정함이 있는 근로계약을 체결했기에 해고라 볼 수 없다고 판결하였다. 그러나 대법원(2006.12.7 선고 2004다29736)은 매년 기간의 정함이 있는 근로계약을 반복하여 체결한 경우에 계약 기간이 아닌 기간에도 근로 관계가 계속되었다고 볼 수 있으며, 매년 근로계약을 체결하는 형식을 갖추었더라도 실질적으로 기간의 정함이 없는 근로자의 지위에 있었다고 보아 사용자의 근로계약 갱신 거절이 해고에 해당한다고 판결하여

14　대법원 2006.12.7 선고 2004다29736 판결.

원심 판결을 파기하고 이들은 근로기준법상 근로자에 해당한다고 판결하였다. 물론, 근로계약서가 아닌 강의용역제공계약서를 작성하였고, 취업규칙 등의 적용을 받지 않은 점, 고정급이 없고 사업소득세를 원천징수당하고 지역의료보험에 가입되어 있어 근로자로 보기 어려울 수도 있으나, 이는 사용자가 경제적으로 우월한 지위에서 임의로 정할 수 있는 사정이라 보았다. 반면, 출근 시간과 강의 시간, 강의 장소가 지정되어 있고, 다른 사업장에서의 노무 제공이 불가한 점, 자유 시간에는 강의 준비 및 부수 업무를 수행했다는 점 등을 이유로 이들은 임금을 목적으로 종속적인 관계에서 근로를 제공한 근로자라 인정하였다.

근로자에 해당하는 요인

- 근로계약이 만료되더라도 갱신하거나 반복 체결한 경우 근로 관계는 계속되었다고 봄
- 1994년 전까지는 기간이 정해지지 않은 근로 제공, 그 후 용역계약으로 바뀌어도 실제 근무 형태는 종전과 달라진 것이 없음
- 강의에 나가지 않는 자유 시간 대부분은 다음 강의를 대비한 휴식 및 교재 연구에 씀
- 다른 곳에 나가 강의하는 것은 사실상 불가
- 출근 시간과 강의 시간, 강의 장소의 지정

- 다른 사업장에서 노무 제공 불가
- 강의 외 부수 업무 수행
- 시간당 일정 금액을 받고, 회원 수 증감이 보수에 영향을 미치지 않은 점

근로자에 해당하지 않는 요인

- 강의용역제공계약서 작성
- 취업규칙 등을 적용받지 않음
- 고정급이 없음
- 사업자등록 후 사업소득세 원천징수
- 지역의료보험에 가입→사용자가 경제적으로 우월한 지위에서 임의로 정할 수 있는 사정임

위의 판례들에서 적용된 근로자성 판단 기준은 근로자성 판단의 '기본 방식'[15]으로 적용되고 있는 대법원 1994.12.9 선고 94다22859

---

15 근로기준법상의 근로자에 해당하는지 여부를 판단함에 있어서는 그 계약의 형식이 민법상의 고용계약인지 또는 도급계약인지에 관계없이 그 실질에 있어 근로자가 사업 또는 사업장에 임금을 목적으로 종속적인 관계에서 사용자에게 근로를 제공하였는지 여부에 따라 판단하여야 할 것이고, 위에서 말하는 종속적인 관계가 있는지 여부를 판단함에 있어서는, 업무의 내용이 사용자에 의하여 정하여지고 취업규칙 또는 복무(인사)규정 등의 적용을 받으며 업무 수행 과정에 있어서도 사용자로부터

판결이며, 이를 기본으로 한 근로자성 판단 기준은 다음과 같다.

[표 6] 법원의 근로자성 판단 기준[16]

주요 요소	판단 기준
업무 수행 내용과 방법	① 업무 내용이 사용자에 의하여 정하여지는지
	② 사용자에 의해 근무의 시간(시간적 구속), 장소(장소적 구속)가 지정되고 구속받는지
	③ 취업규칙 또는 인사규정 등의 적용을 받는지
	④ 업무 수행 과정에서 사용자로부터 상당한(2006년 이후 변경) 지휘 · 감독을 받는지
독자적인 사업자성	⑤ 근로 제공 관계의 계속성
	⑥ 사용자에 대한 전속성의 유무와 그 정도
	⑦ 노무제공자가 스스로 비품 원자재나 작업 도구 등을 소유하거나 제3자를 고용하여 업무를 대행케 하는 등 독립하여 자신의 계산으로 사업을 영위할 수 있는지

구체적, 개별적인 지휘 · 감독을 받는지 여부, 사용자에 의하여 근무 시간과 근무 장소가 지정되고 이에 구속을 받는지 여부, 근로자 스스로가 제3자를 고용하여 업무를 대행케 하는 등 업무의 대체성 유무, 비품, 원자재나 작업도구 등의 소유 관계, 보수의 성격이 근로 자체의 대상적 성격이 있는지 여부와 기본급이나 고정급이 정하여져 있는지 여부 및 근로소득세의 원천징수 여부 등 보수에 관한 사항, 근로 제공 관계의 계속성과 사용자에의 전속성의 유무와 정도, 사회보장제도에 관한 법령 등 다른 법령에 의하여 근로자로서의 지위를 인정받는지 여부, 양 당사자의 경제 · 사회적 조건 등을 종합적으로 고려하여 판단하여야 할 것이다.

16   하갑래,『근로기준법』(제25판), (주)중앙경제, 2013. 101쪽.

독자적인 사업자성	⑧ 노무 제공을 통한 이윤 창출과 손실 초래 등 위험을 스스로 안는지
보수의 성격과 내용	⑨ 보수의 성격이 근로 자체의 대상적인 성격을 갖는지
	⑩ 기본급이나 고정급이 정하여져 있는지
	⑪ 근로소득세의 원천징수 여부 등 보수에 관한 사항
다른 사정	⑫ '사회보장제도에 관한 법령' 등 다른 법령에 의하여 근로자로서의 지위를 인정받는지
	⑬ 당사자의 경제 · 사회적 조건 등

그러나 종합반 강사의 근로자성 판단 판결에서는 이외 '기본급이나 고정급이 정하여졌는지, 근로소득세를 원천징수하였는지, 사회보장제도에 관하여 근로자로 인정받는지 등의 사정은 사용자가 경제적으로 우월한 지위를 이용하여 임의로 정할 여지가 크다는 점에서, 그러한 점들이 인정되지 않는다는 것만으로 근로자성을 쉽게 부정하여서는 안 된다'[17]라는 추가 내용을 제시하고 있다. 즉, 일반적으로 '기본 방식'이라 하여 제시되고 있는 기준 중 일부 항목에 있어 해당되지 아니한다고 근로자성을 부정해서는 안 된다는 입장을 내세우고 있는 것이다. 이외에도 택배 기사의 '근로자성' 인정 사례에서는 사용종속성의 판단에 있어서는 노동관계

---

17   대법원 2007.1.25 선고 2005두8436 판결 참조.

법에 의한 보호 필요성도 고려하여야 하며,[18] 전체적으로 보아 임금을 목적으로 종속적 관계에서 사용자에게 근로를 제공하였다고 인정되는 이상, 근로자에 관한 여러 징표 중 근로 조건에 관한 일부의 사정이 결여되었다고 하여 그러한 사유만으로 근로기준법상의 근로자가 아니라고 할 수는 없다[19]는 기준이 추가되어 판단되었다. 결국, 근로자성이 인정되고 있는 판례들을 살펴보았을 때 근로자성 판단 기준이 되고 있는 지표들의 적용 및 해석에 있어서 직업별 고려해야 할 특이 사항까지 확대 및 추가하여 종합적인 판단을 내리고자 하고 있으며, 그렇게 접근했을 때 근로자성이 인정되고 있음을 알 수 있다.

근로자성 인정에 관한 사안은 지금까지도 그랬고 앞으로도 계속 제기될 수 있는 문제들이다. 지금까지 이와 관련 인정 판례들을 살펴보았으나, 이 가운데 유일하게 근로기준법상 근로자성을 일관되게 인정받고 있는 직업은 '대학입시학원 종합반 강사'이다. 물론, 단과반 학원 강사에 대해서는 근로기준법상 근로자가 아니라고 판결[20]한 사례도 있으나, 2006년과 2007년 대법원은 동일하

---

18   대법원 2001.6.26 선고 99다5484 판결 참조.

19   대법원 2001.2.9 선고 2000다57498 판결 참조.

20   대법원 1996.7.30 선고 96도732 판결에서는 입시학원 운영자의 시설 내에서 수강생에게 강의하고 매월 수강료 수입금의 일정 비율을 배분받기로 한 단과반 강사가 근로기준법상 근로자가 아니라고 보았으며, 대법원

게 근로기준법상 근로자임을 인정하였다. 즉, '대학입시학원 종합반 강사'는 하급심에서는 근로자성을 부정하였으나 상급심에서 이를 인정, 그리고 노조법이 아닌 근로기준법상 근로자로 인정받았다는 점은 특수형태근로종사자 관련 판례 중 유일무이한 의미 있는 판결이라 볼 수 있다.

이외, 레미콘 차주 및 운송 기사,[21] 골프장 캐디,[22] 보험 모집인[23]

2007.1.25 선고 2005두8463 판결과는 달리 하급심(서울지법 1996.2.9. 선고 95노6345 판결)에서는 근로기준법상 근로자라 판결한 사례.

21 레미콘 차주 및 운송 기사는 하급심에서 노조법상 근로자성을 인정받은 사례(인천지법 부천지원 2001.4.13 선고 자2001카합160 결정)가 있으나, 서울고등법원에서는 이를 기각(2001.12.28 선고 2001라183 판결)하였으며, 근로기준법과 노조법상 근로자성을 모두 인정받지 못하고 있는 상황(대법원 2006.10.13 선고 2005다64385 판결, 대법원 2006.5.11 선고 2005다20910 판결)이다.

22 캐디의 근로자성에 대해서는 노동조합법상 근로자라고 판결한 사례(대법원 1993.5.25 선고 90누1731 판결, 대법원 2014.2.13 선고 2011다78804 판결)가 있으며, 근로기준법상 근로자성에 대해서는 여전히 부정(대법원 1996.7.30 선고 95누13432 판결, 대법원 2014.2.13 선고 2011다78804 판결)하고 있다.

23 보험 모집인에 대해서는 종속적 근로 관계가 아니라는 판례(대법원 1990.5.22 선고 88다카28112 판결)와 근로기준법상 근로자가 아니라는 판례(대법원 2000.1.28 선고 98두9219 판결)가 있으며, 2011년 대전지법 민사2부는 전화보험설계사는 근로기준법상 근로자(대전지법 2010나11154)라는 판결을 내렸고, 이에 대해 피고가 상고를 포기함으로써 판결이 확정된 사례가 있다.

및 학습지 교사[24]는 여전히 그 근로자성에 대한 논의가 여전히 진행 중이다.

2) 학습지 교사의 '근로자성' 판례 분석

최근까지 근로자성 논란의 중심에 있는 학습지 교사 대상의 대표적인 판례는, 학습지 제작·판매 회사와 업무 위탁계약을 체결하여 회원 모집 및 유지 관리, 회비 수금 등 업무를 수행하고 실적에 따라 수수료를 지급받는 교육 상담 교사는 근로기준법상 근로자가 아니라고 한 사례[25]와 학습지 교사는 회사와 사이에 사용종

---

24 학습지 교사는 근로기준법상 근로자가 아니라는 판례(대법원 1996.4.26 선고 95다20348 판결)와 노조법상 근로자가 아니라는 판례(대법원 2005.11.24 선고 2005다39136 판결)가 있었으며, 2012년 근로기준법상 근로자는 아니나, 노조법상 근로자라고 인정한 행정법원의 판례(2012.11.1 선고 2011구합20239,26770 판결)로 학습지 교사의 근로자성 인정의 긍정적인 결과를 기대할 수 있을 것 같았으나, 이에 대해 서울고법은 노조법상의 근로자성도 부정(2014.8.20 선고 2012누37274 판결)하는 판결을 내렸다.

25 대법원 1996.4.26 선고 95다20348 판결. 학습지 교사의 경우 그 위탁 업무의 수행 과정에서 업무의 내용이나 수행 방법 및 업무 수행 시간 등에 관하여 그 회사로부터 구체적이고 직접적인 지휘·감독을 받고 있지 아니한 점, 그 회사로부터 지급받는 수수료는 그 위탁 업무 수행을 위하여

속관계에서 임금을 목적으로 근로를 제공하는 근로자로 볼 수 없어 이들을 조합원으로 하는 전국학습지산업노동조합은 '노동조합 및 노동관계조정법'이 정한 노동조합에 해당한다고 볼 수 없으므로 노조법상 근로자도 아니라고 한 사례[26]이다. 이 중 2005년의 대

상담교사가 제공하는 근로의 내용이나 시간과는 관계없이 오로지 신규 회원의 증가나 월회비의 등록에 따른 회비의 수금 실적이라는 객관적으로 나타난 위탁 업무의 이행 실적에 따라서만 그 지급 여부 및 지급액이 결정되는 것이어서 종속적인 관계에서의 근로 제공의 대가로서의 임금이라 보기 어려운 점 및 그 밖에 업무 수행 시간의 정함이 없는 점 등 여러 사정을 종합하여, 학습지 교사는 그 회사와의 사이에 사용·종속관계 하에서 임금을 목적으로 근로를 제공한 근로자로 볼 수 없다고 판결하였다.

26 대법원 2005.11.24 선고 2005다39136 판결. 학습지 교사가 피고 회사로부터 위탁계약에 따른 최소한의 교육 등을 받을 의무가 있을 뿐 위탁 업무의 수행 과정에서 업무의 내용이나 수행 방법 및 업무 수행 시간 등에 관하여 피고 회사로부터 구체적이고 직접적인 지휘·감독을 받고 있지 아니한 점, 학습지 교사는 피고 회사의 정사원과는 달리 그 채용부터 출퇴근 시간, 위탁 관계의 종료에 이르기까지 그 제한이 거의 없고 다른 곳의 취업에도 특별한 제한이 없는 점에 비추어 피고 회사에 전속되어 있다고 볼 수 없는 점, 학습지 교사가 피고 회사로부터 지급받는 수수료 등은 그 위탁 업무 수행을 위하여 학습지 교사가 제공하는 근로의 내용이나 시간과는 관계없이 오로지 신규 회원의 증가나 월회비의 등록에 따른 회비의 수금 실적이라는 객관적으로 나타난 위탁 업무의 이행 실적에 따라서만 그 지급 여부 및 지급액이 결정되는 것이어서 근로 제공의 대가로서의 임금이라고 보기 어려운 점 등에 비추어보면, 원고(선정 당사자) 및 선정자와 같은 학습지 교사는 피고 회사와 사이에 사용종속관계에서

법원 판결에 따라 회사 측은 노동조합과 협상을 할 필요조차 없다는 주장을 하게 되었고, 이후 노동조합은 근로자성을 인정받기 위한 투쟁을 지속하고 있다. 그러나 2012년 서울행정법원은 학습지 교사가 근로기준법상 근로자는 아니나 노동법상 근로자의 성격은 인정된다는 판결[27]을 내렸고, 이는 학습지 교사의 근로자성 인정에 긍정적인 영향을 미칠 것이라 기대되었다. 그러나 서울고등법원이 학습지 교사는 근로기준법 및 노조법상 근로자가 아니라고 판결[28]함으로써, 학습지 교사의 근로자성 문제는 다시 원점으로 돌아오고 말았다.

이렇게 동일한 판단 기준하에 일관성 없는 판결이 나오는 것은 노동 과정보다는 업무 수칙 등 명문화되어 있는 문서만을 통해 판단(남은희, 2000)하고 있기 때문이라고 이미 지적된 바 있다. 따라서 학습지 교사의 근로자성을 일부 인정한 서울행정법원 판결(이하 A판결)과 서울고등법원 판결(이하 B판결)을 비교 분석하여 어

임금을 목적으로 근로를 제공하는 근로자로 볼 수 없으므로, 선정자 전국학습지산업노동조합은 결국 근로자가 아닌 자로 구성된 단체로서 '노동조합 및 노동관계조정법'(이하 '노동조합법'이라 한다)상 노동조합에 해당한다고 볼 수 없어 피고 회사가 위 선정자 조합의 단체교섭 요구에 응하지 않은 것은 노동조합법상 부당노동행위로 볼 수 없다고 판결했다.

27 서울행정법원 2012.11.1 선고 2011구합20239, 26770 판결.
28 서울고등법원 2014.8.20 선고 2012누37274, 37281 판결.

느 부분에서 다른 해석들이 이루어지고 있는지 살펴보고자 한다.

근로자인지 아닌지를 판단하는 데 있어 가장 중요한 요소는 바로 '종속성'이다. 즉, 사용자에 종속되어 임금을 목적으로 근로를 제공했는지 여부를 판가름하는 것이 '근로자성' 논의의 쟁점인 것이다. 이러한 사용종속성 판단 기준은 대법원 1994.12.9 선고 94다22589 판결 이후 구체화되었으며, 이 기준들을 종합적으로 고려하여 판단하고 있다. 사용종속성의 판단 기준을 살펴보면, 학원의 종합반 강사를 근로기준법상 근로자로 인정한 판례인 대법원 2006.12.7 선고 2004다29736 판결 이후 기준과 해석의 변화가 이루어졌다는 것을 알 수 있다. '④ 업무 수행 과정에서 사용자로부터 상당한 지휘·감독을 받는지'는 '구체적·개별적 지휘·감독'에서 '상당한 지휘·감독'으로 변경되었으며, '⑧ 노무 제공을 통한 이윤 창출과 손실 초래 등 위험을 스스로 안는지' 기준은 추가되었다.

사용종속성 판단 기준하에 A판결과 B판결에 대한 판단은 다음과 같다. 동일한 직업, 업무를 대상으로 내려진 판단이나, 업무 수행 내용과 방법 요소 중 A판결에서 노조법상 근로자에 해당한다고 인정되었던 기준들이 B판결에서는 모두 인정이 되지 않아 근로기준법 및 노조법상 근로자가 모두 아니라고 판결되었다. 그렇다면, A판결과 B판결은 기준별로 어떻게 해석하고 판단하고 있는지 살펴보겠다.

(1) 근로기준법상 근로자성 판단 기준 및 해석

근로기준법(이하 근기법) 제2조 1항에서 근로자는 '① 직업의 종류와 관계없이 ② 임금을 목적으로 사업이나 사업장에 ③ 근로를 제공하는 자'이다. 특수형태근로종사자들이 근기법상 근로자로 인정받기 위한 법적 투쟁을 지속하는 이유는 근로자로 인정되어야만 근기법의 적용 대상이 되어 관련 법적 보호 및 권리를 획득할 수 있기 때문이다. 근기법상 근로자 정의에서 제시하는 '① 직업의 종류와 관계없이'는 직업의 종류나 근로 형태, 그리고 계약의 형식(근로계약, 고용계약, 도급계약, 위임계약 등)과 상관없이 노동력을 제공하는 사실 관계를 근거로 판단한다. '② 임금을 목적으로'는 노무제공자가 받는 보수가 근로의 대가인지를 판단하는 기준이다. 즉, 제공된 근로가 소득을 얻기 위한 행동인지를 판단한다. 마지막으로 '③ 근로를 제공하는 자'는 법조문에 직접적인 표현은 없으나 '사용종속관계하에서 근로를 제공하는 자'로 이해된다. 사용종속관계는 인적 종속성[29]과 경제적 종속성[30]까지 포함

---

29 인적 종속성이라 함은 당사자의 한쪽이 노동력을 제공하는 방법이 다른 한쪽의 경영 조직 속에서 그 지배 아래서 이루어지는 것을 말한다(『실무 노동용어사전』, 2014).

30 경제적 종속성이란, 당사자의 한쪽이 노동력의 전체를 다른 한쪽의 처분에 맡김으로써 그 소득을 그러한 취업 관계에 의존하는 것을 말한다(『실무노동용어사전』, 2014).

하는 개념으로 특수형태근로자 또는 유사근로자에 대해 자영업자인지 근로자인지를 구분하는 기준으로 활용되고 있다. 이들은 경제적 종속성을 가지고 있으나 인적 종속성이 없으므로 근로자가 아니라고 해석되고 있다(하갑래, 2013).

이러한 근로자성을 판단 기준하에 A판결은 일부 업무 수행에 있어서의 종속성을 인정하지만, 임금을 받을 목적으로 종속적인 관계에서 근로를 제공하는 근로기준법상 근로자로 보기는 어렵다고 하였고, B판결은 근로자성을 판단하기 위한 어떤 요소에도 부합되는 부분이 없으므로 근로기준법상 근로자로 보기 어렵다고 하였다. 즉, A판결과 B판결은 모두 학습지 교사는 '근로기준법상 근로자가 아니다'라고 판결하고 있다.

먼저, A판결을 살펴보면, 위탁사업계약서 내에 명시되어 있는 '위탁의 기본 내용' 외 '표준 필수 업무'를 수행토록 하고 있고, 신규 학습지 교사들이 어느 단위 조직에 소속되어 몇 명의 관리 회원을 배정받는가는 사무국장 및 단위 조직장에 의하여 결정된다는 점, 주 3회 지국에서 진행되는 회의 및 교육에 참여하며 회사의 교재를 가지고 표준화된 방식으로 회원들을 지도하도록 업무 내용을 정하고 있다는 점, 지국에는 학습지 교사들의 책상, 의자, 사물함 등이 비치되어 있고 겸업을 할 수 없다는 점 등을 바탕으로 어느 정도의 '종속성'이 인정된다고 판결하였다. 그러나 이행 실적에 따라 그 지급 여부 및 지급액이 결정되는 수수료를 지급받고 있다는 점, 취업규칙 및 인사규정이 아닌 업무지침이 적용되고 있다는 점, 징계 규정을 두고 있지 아니한 점, 주 3회 출근이 강제된 것이 아니고 미참석의 이유로 불이익을 주지 않는다는 점, 교육은 위탁자의 지위에서 독려하는 행위로 해석 가능하다는 점, 업무 수행 장소가 회원의 주거라는 점, 사업자 등록 후 사업소득세를 납부하고 지역의료보험에 가입되어 있는 점을 들어 근로기준법상 근로자로 보기 어렵다고 판결하였다. 즉, 국가의 관리·감독 아래 근로기준법의 각종 보호 제도를 전면적으로 적용해야 할 정도로 직접적인 보호의 필요성이 있는 노무제공자에 해당한다고 볼 수 없으므로 임금을 받을 목적으로 종속적인 관계에서 근로를 제공하는 근로기준법상 근로자로 보기는 어렵다는 것이다.

이에 반해 B판결은 A판결에서 일부 인정했던 '종속' 부분에 대해서도 전면 부정하고 있다. 즉, 학습지 교사들은 통상 위탁사업 계약서에서 정한 업무만 수행하며, 관리 구역 및 과목의 결정은 사측과 학습지 교사의 '협의'에 의해 이루어진다고 하였다. 업무 수행 방식도 학습지 교사의 자율과 능력에 맡겨져 있으며 표준 필수 업무 또한 지키지 않았다고 하여 제재 등 불이익이 없다고 하였다. 지국에서 제공하는 교사의 사물함, 책상, 의자 및 공용 컴퓨터, 프린터, 복사기 제공과 의무적으로 출근하지 않아도 되는 점 등은 교사의 편의 제공적 성격을 띤다고 해석하였다. 겸업은 회사의 영업 정보를 이용하여 유사 영업 행위를 금지하는 것 외에는 금지하지 않는다는 이유로 A판결에서의 인정되었던 부분들과 인정되지 않았던 부분들을 포함해 볼 때 근로기준법상 근로자가 아니라고 판결했다. 학습지 교사의 근로자성을 인정하지 않았던 대법원 1994.4.29 선고 93누16680 판결과 내용상의 차이가 없다.

(2) 노동조합 및 노동관계조정법상 근로자성 판단 기준 및 해석

집단적 노사관계법인 노동조합 및 노동관계조정법(이하 노조법) 제2조 1호에서 '근로자라 함은 직업의 종류를 불문하고 임금, 급료, 기타 이에 준하는 수입에 의하여 생활하는 자를 말한다'라고 규정하고 있다. 이를 기반으로 A판결은 대법원 2004.2.27 선고 2001두8568 판결[31] 결과를 참조하여 학습지 교사 노조는 노동조

---

31 근로기준법은 '현실적으로 근로를 제공하는 자에 대하여 국가의 관리·감독에 의한 직접적인 보호의 필요성이 있는가'라는 관점에서 근로계약에 기초한 개별적 노사관계를 규율할 목적으로 제정된 것인 반면에, 노동조합법은 '노무공급자들 사이의 단결권 등을 보장해 줄 필요성이 있는가'라는 관점에서 집단적 노사관계를 규율할 목적으로 제정된 것으로서 그 입법목적에 따라 근로자의 개념을 상이하게 정의하고 있다.
그리고 노동조합법상 근로자 개념에는 일정한 사용자에의 사용종속관계를 조합원 자격의 요건으로 하는 기업별 노동조합의 조합원 이외에도 원래부터 일정한 사용자에의 종속관계를 필요로 하지 않는 산업별·직종별·지역별 노동조합의 조합원도 포함되며, 후자의 조합원인 근로자 개

합법 제2조 제4호 본문에서 정한 노동조합에 해당하고, 원고 교사들은 자신들의 노무 제공의 대가인 수수료만으로 생활하면서 업무 수행의 과정에 있어 상당한 정도로 참가인의 지휘·감독을 받는 사람들로서 노동조합법 제2조 제1호에서 정한 '기타 이에 준하는 수입에 의하여 생활하는 자'에 해당한다고 보았다. 그리고 대등한 교섭력의 확보를 통한 노동자 보호라는 노동조합법의 입법 취지를 고려할 때 참가인의 사업에 편입되어 조직적·경제적 종속성이 인정되는 학습지 교사들에게 노동조합법상 근로자성을 인정할 필요성이 있다고 판결하였다.

B판결은 대법원 2006.5.11 선고 2005다20910 판결[32] 결과를 참조하여 학습지 교사는 참가인으로부터 상당한 지휘·감독을 받지 아니한 점, 수수료는 '기타 이에 준하는 수입'으로 보기 어려운 점, 학습지 교사가 회원 가입 홍보 활동에 부여한 시간 및 비용에 대한 위험을 스스로 부담해야 하는 점, 겸직에 제한이 없으며 수수

념에는 특정한 사용자에게 고용되어 현실적으로 취업하고 있는 자뿐만 아니라 일시적으로 실업 상태에 있는 자나 구직 중인 자도 노동 3권을 보장할 필요성이 있는 한 그 범위에 포함된다.

32 근로자란 타인과의 사용종속관계하에서 노무에 종사하고 그 대가로 임금 등을 받아 생활하는 자를 말하고, 그 사용종속관계는 당해 노무 공급 계약의 형태가 고용, 도급, 위임, 무명계약 등 어느 형태이든 상관없이 사용자와 노무제공자 사이에 지휘·감독 관계의 여부, 보수의 노무대가성 여부, 노무의 성질과 내용 등 그 노무의 실질 관계에 의하여 결정된다.

료가 학습지 교사들의 유일한 수입원이라 단정할 만한 충분한 증거가 없는 점 등을 들어 이들은 노조법상 근로자가 아니라고 판결하였고, 이들이 만든 조합은 노조법이 정한 노동조합이라 할 수 없다고 판결하였다.

A판결은 노조법상 근로자 개념에는 실업자나 구직 중인 자 등 노동 3권을 보장할 필요성이 있는 자들도 포함된다는 것을 바탕으로 학습지 교사 노조는 노동조합에 해당한다고 인정, 그리고 '기타 이에 준하는 수입에 의해 생활하는 자'에 해당되므로 노조법상 근로자라고 인정하였다. 이에 반해 B판결은 이들의 수입은 A판결에서 인정한 바와 같이 '기타 이에 준하는 수입'으로 볼 수 없고 기타 이유로 인하여 노조법상 근로자로 인정할 수 없으며, 근로자가 아닌 이들이 만든 조합이므로 노동조합으로도 인정할 수 없다고 판결하였다.

(3) '근로자'성 해석의 차이

A판결과 B판결의 결론은 학습지 교사는 근로기준법상 근로자에 해당하지 않는다는 것이다. 다만, A판결에서는 일정 부분 '종속성'이 인정된다는 것과 노조법에서의 근로자 개념이 근로기준법에서 제시하는 근로자 개념보다 더 넓게 적용될 수 있다는 점, 그리고 입법의 목적 자체가 다르다는 점을 들어 노조법상 근로자

에는 해당한다고 하였다.

　그러나 중요한 것은 이 판결이 동일한 '판단 기준'하에 내려진 결론이라는 것이다. 두 판결에 대한 해석 내용을 살펴보면, '업무 수행 내용'에 있어서 A판결은 위탁계약 내용 외 '표준 필수 업무'를 시달하여 수행토록 하고 있기 때문에 업무 내용이 사용자에 의하여 정하여진다고 보았으나, B판결은 '표준 필수 업무'를 수행토록 권고는 하나 이행하지 않을 시 징계 등 불이익이 발생하지 않으므로 이는 업무를 수행하기 위한 가이드적인 성격을 지닌다고 해석하고 있다. 또한, 사용자에 의해 장소가 지정되고 구속받는 부분에 대해 A판결은 학습지 교사는 어느 지역을 배정받는지 위탁계약 체결 시 사용자 측으로부터 결정된 사항을 전달받는 형태라 설명하고 있으나, B판결은 이 모든 사항이 '협의'하에 이루어진다고 설명하고 있다. 즉, 동일한 기준임에도 제시된 내용을 중심으로 그 내용이 적용되고 다뤄진 과정과 방식은 다르게 해석되고 있는 것이다. 현재까지 진행된 특수형태근로종사자들의 노동 실태 분석 연구들(공정거래위원회, 2004 ; 김난희, 2012 ; 남은희, 2000)을 살펴보면, 사용종속성을 판단하기 위한 구체적인 '내용'은 드러나 있으나, 그 '내용'이 수행되고 적용되는 과정에 대한 사항이 상세히 기술되어 있지 못하다.

[표 7] 학습지 교사의 근로자성 판결

구분	A판결	B판결
종속성 인정 & 불인정 사유	'위탁의 기본 내용' 외 '표준 필수 업무'를 시달하여 수행토록 함	위탁사업계약서에서 정한 업무만 수행함
	신규 학습지 교사들이 어느 단위 조직에 소속되어 몇 명의 관리 회원을 배정받는가는 사무국장 및 단위 조직장에 의하여 결정됨	관리 구역 및 과목의 결정은 사측과 학습지 교사의 '협의'에 의함
	주 3회 지국에서 진행되는 회의 및 교육에 참여하며 회사의 교재를 가지고 표준화된 방식으로 회원들을 지도하도록 업무 내용을 정하고 있음	업무 수행 방식도 학습지 교사의 자율과 능력에 맡겨져 있으며, 표준 필수 업무 또한 지키지 않았다고 하여 제재 등 불이익이 없음
	지국에는 학습지 교사들의 책상, 의자, 사물함 등이 있음	지국에서 제공하는 교사의 사물함, 책상, 의자 및 공용 컴퓨터, 프린터, 복사기는 편의 제공적 성격
	겸업을 할 수 없음	겸업은 회사의 영업 정보를 이용하여 유사 영업 행위를 금지하는 것 외에는 금지하지 않음
공통	• 이행 실적에 따라 그 지급 여부 및 지급액이 결정되는 수수료를 지급 받음 • 취업규칙 및 인사규정이 아닌 업무지침이 적용되고 있음 • 징계 규정을 두고 있지 아니함 • 주 3회 출근이 강제된 것이 아니고 미참석을 이유로 불이익을 주지 않음 • 교육은 위탁자의 지위에서 독려하는 행위로 해석 가능하다는 점 • 업무 수행 장소가 회원의 집이라는 점 • 사업자 등록 후 사업소득세를 납부함 • 지역의료보험에 가입되어 있는 점	

두 판결 내에서 '근로자'로 인정하느냐 하지 않느냐에 대한 해석상의 또 다른 차이는 '기타 이에 준하는 수입에 의해 생활하는 자'

이다. A판결에서는 학습지 교사가 받는 '수수료'는 이에 해당하므로 노조법상 근로자라고 인정하였으나, B판결에서는 '수수료'는 '기타 이에 준하는 수입'에 해당하지 않는다고 판결하였다. 즉, 학습지 교사 입장에서의 임금인 '수수료'가 어떻게 해석되느냐에 따라 근로자인지 아닌지가 판단되었다. 그리고 A판결에서 근로기준법상 근로자성을 판단할 시 '임금을 받을 목적으로 종속적인 관계에서 근로를 제공'하지 않기 때문에 근로자가 아니라고 판단한 결과를 보았을 때, 수수료를 어떻게 정의하고 설명하느냐에 따라 판단 결과가 달라질 수 있음을 알 수 있다.

제3장

학습지 산업 및 조직 특성

1. 학습지 산업 현황

    학습지 산업은 개별 회사 고유의 교재를 바탕으로 가정 방문 식
으로 교육 서비스를 제공하는 업종으로 방문교육 사업의 특수성
을 반영하여 학습지 교사와 민법상 위탁사업 계약을 통해 회원들
을 관리하는 교육 시스템이다(배권탁, 2008). 학습지 교사에 대한
일반적인 정의는 '학습지를 받아보는 아동을 대상으로 과목별 학
습 진도를 체크하고, 학습 내용을 지도하여 아동의 학업성취도가
올라가도록 도와주는 사람'이다(한국고용정보원, 2014). 이에 대
해 법원은 '통상 기간을 1년으로 하는 업무 위탁계약을 체결하여
회사가 학습지 회원으로 모집한 학생의 학습 진행에 관련한 교육
상담 · 학습 교재의 전달 등의 회원의 유지 · 관리에 수반되는 업
무, 신규 회원의 입회를 위한 상담 · 소개 · 안내 등 회원 모집을
위한 업무 및 입회비 · 월회비 등의 회비를 수금하는 업무를 수행

하는 자'[1]로 정의하고 있다.

학습지 산업이 비약적으로 성장할 수 있었던 계기는 1980년 7월 정부의 과외 금지 조치와 1997년 말 외환 위기를 꼽을 수 있다. 1980년대 이전 학습지 지도 방식은 주로 그룹별 지도 방식이었기 때문에 과외 금지 조치로 인해 학습지 역시 금지 대상에 걸려 학습지 업계는 회원 수 급감으로 큰 위기에 봉착하게 되었다. 그러나 회원 지도 방식을 그룹 지도 방식에서 가정 방문식으로 전환하면서 활로를 찾았다. 외환 위기 때는 여타 산업에서 활발해진 구조 조정 등으로 실직자가 증가하면서, 능력과 실적에 따라 보상을 받을 수 있는 학습지 교사에 대한 시각이 새로워지게 되었고, 이러한 인식의 전환으로 20대 후반에서 30대 초반의 미혼 여성과 남성들에게 학습지 교사가 전문 직종으로 자리 잡는 계기가 되었다. 그러나 급격하게 성장하던 학습지 업체들도 최근 들어 그 성장세가 둔화되고 있다. 1990년대 회원 수를 기준으로 연간 20% 안팎이던 학습지 산업 성장률은 2000년대 들어 10%대로 감소하는 양상을 보이고 있다. 이는 학습지의 주요 대상 고객층인 12세 이하 아동의 절대 인구가 줄어들고 있고,[2] 학습지 시장이 포화되었기

---

1   대법원 1996.04.26. 선고 95다20348 판결.
2   유·초·중등학교 전체 학생 수는 6,986,163명으로 전년 대비 201,221
     명(2.8%) 감소한 것으로 나타났으며, 감소 폭은 전년과 비슷한 수준
     (2.7%↓)이다(e-나라지표의 학령아동 변동 추계 데이터 참조).

때문으로 파악된다.

현재, 학습지 시장 규모에 대한 객관적인 자료는 없는 상황이나, 공정거래위원회에 각 사가 거래상지위남용행위에 대한 건으로 접수된 자료에 따르면 시장규모는 대략 4조 원가량으로 파악되며, 상위 5개 업체가 학습지 시장의 약 70%를 점유하고 있는 것으로 나타났다.

[표 8] 학습지 시장 규모 및 점유율 현황[3]

(단위 : 백만 원, %)

	2009		2010		2011		2012	
	매출	점유율	매출	점유율	매출	점유율	매출	점유율
A사	845,489	21	904,217	23	932,829	23	861,453	23
B사	811,109	20	811,109	20	867,744	22	729,800	18
C사	676,283	17	676,283	17	673,103	17	665,300	17
D사	245,832	6	245,832	6	251,908	6	240,000	6
E사	241,723	6	241,723	6	252,459	6	233,600	6
기타	1,179,564	30	1,120,836	28	1,021,957	26	1,269,847	32
합계*	4,000,000	100	4,000,000	100	4,000,000	100	4,000,000	100

---

3 공정거래위원회(http://www.ftc.go.kr/), 심결법위반사실조회를 통해 해당 데이터 참조.
   ■ (주)재능교육(사건번호 : 2013서감0697), (주)웅진씽크빅(사건번호 : 2013서감0698), (주)교원구몬(사건번호 : 2013서감0699), (주)대교(사건번호 : 2013서감0700)의 거래상지위남용행위에 대한 건 4건

주* 학습지 시장 규모에 대한 객관적인 현황 자료가 존재하지 않으나, 각 사에서 제출한 2012년 1월 14일자 『조선비즈』 기사에서 추정한 시장 규모 4조 원을 기준으로 매출 및 점유율을 산정함.

한국고용직업분류표(KECO)에서 학습지 교사는 교육 및 자연과학 사회과학 연구 관련직−학원 강사 및 학습지 교사−학습지 및 방문 교사로 분류되어 있다. 한국직업정보시스템에서 제공하고 있는 학습지 교사 관련 정보는 현재 이 분야 종사자 수가 17만 5,600명이며, 평균 연령은 34.2세, 여성의 비율이 81.5%, 평균 근속 연수는 3.9년, 평균 소득은 152만 7,000원이라고 제시[4]하고 있다.

[표 9] 학습지 교사의 분류 위치[5]

대분류	중분류	소분류	세분류
2 전문가 및 관련 종사자	25 교육 전문가 및 관련직	254 문리·기술 및 예능 강사	2545 학습지 및 방문 교사

현재 대부분의 학습지 교사는 '위탁계약자'이다. 학습지 업계의 위탁사업 계약 방식은 1959년 일본의 공문교육에서 태동하였고,

---

4 2011~2012 Job Map은 통계청에서 실시한 '지역별 고용조사' 결과를 바탕으로 재구성된 자료로 228개 산업과 426개 직업별 소득, 종사자 수, 여성 비율, 근속 연수 등 노동시장 정보를 볼 수 있다.

5 통계청, 「한국표준직업분류(KSCO)와 국제분류 연계표」, 2014.

국내에서는 1976년 학습지 산업이 탄생한 이후 초기 정규직원 체계에서 위탁 사업 제도로 전환되었다(유규창 외, 2003). 학습지 업체의 경우 80년대 말에 노동조합이 설립되었는데, 이후 기업들은 '위탁계약 제도'를 도입하여 노조 가입을 탄압하거나 활동을 원천적으로 봉쇄하기 시작하였다. 이로 인해 비정규직이 정규직의 3~5배에 이르는 기이한 현상[6]이 나타나게 되었다.

주요 학습지 업체들은 각각 수십만 내지 수백만 명에 이르는 회원과 5천~1만 여명의 교사들을 관리하기 위해 전국적인 영업 유통 조직 체계를 갖추고 있다. 조직의 기본 단위는 지국으로서, 전국을 회원의 규모와 지리적 특성에 따라 약 200여 개의 지국으로 나눈다. 지국은 독립된 사무실에서 관할 지역의 회원과 교사들을 관리한다. 새로운 회원의 모집과 기존 회원의 관리, 새로운 교사의 모집, 채용, 교육과 기존 교사의 교육 훈련과 관리, 교재의 공급과 반납, 회비의 수금 등 모든 행정적인 업무가 지국 단위로 이루어진다. 학습지 사업의 핵심 요소인 교사와 고객에 대한 관리가 지국에서 이루어지므로, 지국의 책임자(지국장)를 선발하고 육성하는 일 역시 중요하다. 이 일은 지국의 상위 조직인 총국과 사업단에서 일부 맡기도 하지만, 본사에서 직접 관리하는 편이다.

---

6 민주노총 서울지역본부, 「재능교육 노사갈등 현황 및 문제점」, 1999 참조.

2. 학습지 회사 현황 및 교사 선발

공정거래위원회에 제출된 자료에 따르면, 전체 학습지 회사 중 대교, 웅진씽크빅, 교원구몬, 재능교육 및 한솔교육이 전체 학습지 시장의 약 70%를 점유하고 있다. 이들 회사의 공통점은 아이들을 가르치고 전집 등 책을 판매한다는 점이며, '우리 아이들을 좋은 인재로 양성하겠다'는 주요 미션을 가지고 있다. 결국, 이 회사들의 주요 업무는 '가르친다'는 것임을 알 수 있으며, 이 역할을 학습지 교사들이 수행하고 있다. 그러나 그들은 정규직이 아니며, 제대로 된 경력 개발도 불가능하고 안정되지 않은 일자리로 이직률[7]이 매우 높다.

---

7   K사 사장은 신입교사들의 경우 6개월 차에 20%가, 1년 내 40%가 그만두는 상황 속에서 이들을 잘 양성하여 오래 근무할 수 있도록 하는 것이 필

[표 10] 학습지 시장 규모 및 점유율 현황

구분	A사	B사	C사	D사	E사
설립 연도*	1976년	1980년	1990년	1977년	1982년
주요 사업*	학습지 출판, 제조 및 판매	학습지, 전집 도서 판매	교육 관련 콘텐츠와 서비스 제공	학습지 출판, 인쇄, 제조	교육, 출판
교육 목표*	아동 중심의 개별화 교육	10년 후를 생각하는 창의력 교육	습관을 통한 학력 키우기	스스로 학습하는 아이	지구 인재 양성
임직원 수**	2,715명	2,088명	2,249명	1,068명	1,500여 명
교사 수***	12,000여 명	11,000여 명	13,000여 명	7,000여 명	6,000여 명

주   * 각 사 홈페이지 참조(2015년 5월 기준).
　　 ** 공정거래위원회 심결법위반사실조회, 각주 3과 동일 자료
　　 *** 채용 사이트 및 관련 기사 내용 참조.[8]

　　학습지 교사는 '정규대학 졸업(예정)자 또는 학사 학위 소지자 (전공 불문)'라면 누구나 쉽게 지원할 수 있으며, 특히 경력 단절 후 노동시장 재진입을 원하는 기혼 여성들에게 유망한 직업으로 소개되고 있다. 별다른 자격 요건 없이 일 자체가 정형화, 탈숙련 화되어 있다는 점과 노동시장에 있는 많은 여성 유휴 인력이 별다 른 진입 장벽 없이 학습지 교사로 취업할 수 있다는 점은 90년대

　　요하다고 이야기하였다(K사 지국교육 동영상).

8　　각 사 채용 및 모집 사이트 참조.

가장 빠르게 성장한 대표 산업 중 하나인 학습지 산업의 빠른 성장을 인력 공급 측면에서 뒷받침해주었다(유규창, 2004).

[표 11] 학습지 교사 자격 기준[9]

구분	자격 기준
A사	■ 정규대학교 졸업(예정)자 또는 학사 학위 소지자(전공 불문)
B사	■ 유아/초등교육에 관심 있는 모든 분 ■ 외국어 영역은 관련 분야 어학 연수 및 전공자 우대
C사	■ 정규대학교 졸업(예정)자 또는 학사 학위 소지자(전공 불문) ■ 이행보증보험이 가능한 자
D사	■ 정규대학교 졸업(예정)자 또는 학사 학위 소지자(전공 불문) ■ 이행보증보험이 가능한 자
E사	■ 4년제 대학교 졸업(예정) 이상(전공, 경력에 따라 2년제 가능) ■ 만 45세 이하

아직까지 학습지 산업의 전체 규모에 대한 정확한 통계는 조사된 바가 없다. 단지, 한국직업전망(2013)을 통해 학습지 교사들의 인력 수급이 2015년 19만 4,000명, 2020년 19만 2,700명에 이를 것으로 추측되고, 노동계나 경영계에서 약 100여 개 정도의 학습지 회사에 10만 명 정도의 학습지 교사가 근무하고 있을 것이라는

---

9   각 사 채용 사이트 참조.

정도로 추정하고 있을 뿐이다. 이렇듯 정확한 현황 파악조차 힘듦에도 불구하고 명백한 사실은 학습지 교사의 상당수가 여성이라는 점과 학습지 산업은 노동시장 진입이 어려운 기혼 여성 인력의 고용 창출에 크게 기여한 사업으로 평가받았다는 점이다.

실제 학습지 회사의 경영진들은 학습지 교사라는 직업이 노동시장 내 여성 인력들의 취업률을 제고하는 데 큰 기여를 하고 있다고 생각한다. 고용 형태로 인한 잦은 이직 등의 문제에 대해서도 계속 신규 인력을 뽑고 양성하여 관리하는 어려움은 있으나, 큰 문제로 여기고 있지 않았다.

> 학습지 회사 들어오신 분들이 아이들을 조금 키운 경력이 있는 여성들인데 그분들이 다른 일을 할 수 있는 일이 마트 캐셔 정도… 경력 단절되신 분들이 우리나라에서 아직 그분들이 할 만한 일이, 직업이 많지 않아요. 그렇기 때문에 학습지 쪽을 많이 하시는 것 같고, 학습지 회사는 근무 시간이 조금 늦은 시간까지 하나 늦은 시간에 시작하기 때문에 아이들을 케어하고 집안 살림을 할 수 있으니까 선택하시는 듯해요. 그러나 막상 일을 하다 보니 가가호호 늦은 시간까지 방문하고 상담하고 적성에 맞지 않는 아이들을 지도하다 보면 2~3년 하다 30~40% 정도, 40%는 아니고 그만두게 되는 것 같아요. …(중략)… 학습지 회사가 경력 단절 여성들의 취업에 많은 기여를 한다고 생각해요. A사 HRD 센터 팀장

교사의 잦은 교체가 아이들의 학습에도 문제가 되지 않을까 의문을 제기하였으나, 반드시 오래 근무한 교사가 잘 가르친다고 생각하지 않는다고 하였다. 대신, 내부 구조상 학습지 교사들이 많은 수수료를 받기 위해서는 신입교사 시절 내 아이, 그리고 지인의 아이를 우선적으로 영업 대상으로 정의할 수밖에 없다는 점을 보면, '신입교사'는 또 다른 '고객'이 된다. 이것이 회사 입장에서는 더 큰 이익인 것이다. 그리고 선발 기준에서도 보았듯이 학습지 교사들의 노동은 '단순하고 누구나 할 수 있는 노동'으로 정의되어 있기 때문에 인력 대체에 대한 '불편함'은 있으나 '대체 불가'하지는 않다는 것이다.

3. 제한된 정보 안에서의 직업 선택

　학습지 교사가 되고 싶다고 생각만 한다면 어디서든 관련 정보를 쉽게 찾을 수 있다. 먼저 인터넷 사이트에 '학습지 교사'를 키워드로 입력하면 학습지 관련 회사들의 정보를 찾아볼 수 있으며, 일부 회사들은 홈페이지 내 '선생님 모집' 페이지를 운영하고 있어 접근하기도 용이하다. 여성들, 특히 경력 단절 여성들이 취업하기 쉬운 직업으로 소개되고 있는 학습지 교사는 고용정보원에서 발간하는 『주부재취업 도전직업 60』과 같은 직업 정보서를 통해 관련 정보를 찾을 수 있다.

　고용정보원은 노동시장과 직업에 대한 객관적이고 정확한 정보를 바탕으로 할 때 합리적인 직업 선택이 가능하기 때문에, 이러한 정보를 직업 정보를 필요로 하는, 특히 경력 단절 여성들에게 제공하여 그들의 정보 요구에 대한 부응 및 재취업을 지원하기 위하여 직업 정보서를 발간했다고 밝히고 있다. 고용노동부의 산하 기관에서 발간한 정보서라는 것은 정보를 수집하는 '구직자' 입장에서는 신뢰를 갖고 받아들이게 된다. 그리고 그 제시된 정보에서 무엇을 보여주느냐 하는 것은 해당 직업 선택에 어느 정도 영향을 미치게 된다.

[표 12] '학습지 교사'에 대한 직업 정보[10]

직업 개요	학습지를 받아보는 아동을 대상으로 과목별 학습 진도를 체크하고, 학습 내용을 지도하여 아동의 학업성취도가 올라가도록 도와줌
하는 일	• 하루 평균 10~15가구를 방문, 아동과 1:1 개별학습 진행 • 유아/아동 개인별 학습 수준 평가, 이에 맞는 학습 진도 계획 • 학습지 교재비 납부를 관리하며 학부모를 대상으로 유아/아동의 학습 상태에 대해 상담함
적성 및 능력	• 회원 관리를 위한 의사소통 능력, 시간 관리 능력, 성실함 요구됨 • 과목당 주 1회씩 가정을 방문하기 때문에 체력이 뒷받침되어야 함 • 아동들과의 친밀감 유지 및 학습 지도를 위하여 밝고 활동적이며 책임감이 강한 성격이 요구됨
되는 방법	• 학력 : 초대졸 이상 • 관련 정보처 : 여성인력개발센터, 여성능력개발원, 평생교육협의회 • 관련 자격증 : 공인민간자격-한자한문학습지도사 • 입직 경로 : 각 학습지 회사에서 공개 채용
인터뷰	하는 일, 일을 하게 된 동기와 이유, 준비 과정, 재취업 후 어려운 점, 어디서 일하는지, 수입이 얼마인지, 이 일의 매력과 장점, 직업 전망, 재취업을 원하는 이들에게 조언, 좋은 점과 보람 등의 내용 수록

---

10 한국고용정보원, 『주부재취업 도전직업 60』, 휴먼컬처아리랑, 2014, 58~63쪽 내용 재구성.

이 정보서는 매년 업데이트가 진행되고 있는데 '산업체 수요도 있으면서 주부의 취업 욕구도 대체로 만족시켜 실질적으로 취업이 잘 이루어지는 직업'을 기준으로 포함 여부가 결정되고 있다. 그러나 여기서 살펴봐야 하는 것은 여성 직종이라 여겨지는 직업들이 선정되는 데 있어서는 단순히 '취업이 잘 이루어지는 직업'이 유망 직업, 전문 직업으로 제시되고 있다는 점이다. 일반적으로 '유망'이라 함은 '앞으로 잘될 것 같은 희망이나 전망이 있음'을 의미하며 유망 직업을 선정함에 있어 고려되는 기준은 선정 기관에 따라 차이는 있으나, 임금의 수준, 일자리 수요, 안정성, 전문성, 근무 환경 등이다. 결국 이러한 기준은 여성들이 정보를 습득하여 행동으로 옮기는 데 있어 임금 수준, 안정성 및 근무 환경 등에 대한 고려 및 직업 선택에 있어서 해야 하는 고민이라는 것조차 모른 채 '빠른 취업'을 선택하게끔 할 수 있다. 그리고 이러한 기준들이 적용되지 않은 직업들을 경험한 이들은 그 직업들 중에서 '그래도 나은 직업, 이 정도면 괜찮지'라는 하향평준화된 기대 수준을 갖게 되고 이것은 좀 더 나은 직업으로 변화시키기 위한 노력조차 하지 않고 그 상태를 계속 유지시키는 악순환을 가져올 수도 있게 된다. 이렇듯, 학습지 교사로 입사하기 위한 첫 단계는 쉽게 접근할 수는 있지만 매우 제한된 정보 속에서 선택을 하게 된다.

'누구나 쉽게 할 수 있는 일'이란 직업의 이미지는 일을 하고자 하는 여성들에게 매우 매력적인 직업이다. 그러나 필자가 일을 하고 동료 교사들과 이야기하며 느낀 점은 '어, 생각했던 것과 다르다',와 '생각보다 힘들다'는 것이었다. 이것이 의미하는 것은 이 직업에 대한 제대로 된 구체적인 정보가 없다는 점이다. 위에서도 언급했듯이 굉장히 제한된 정보만을 가지고 이 일을 시작하게 되는데 입사 후 업무 내용 외에는 물어보지 않는 한 먼저 설명해주는 이가 없다. 본인이 궁금해하거나 필요로 하는 정보 외에는 알 기회조차 없는 것이다. 일반적으로 궁금해하는 사항은 첫 월급을 받았을 때 '수수료' 기준 등에 관한 사항, 영업 등에 관한 사항인데 이러한 사항은 회사보다 동료 교사 또는 선배교사에게 물어보게 된다. 이때 습득한 정보는 동료 교사들이 경험하고 느낀 정보이기 때문에 100% 정확한 정보라고 할 수도 없다. 이러한 과정이 학습지 교사들이 이 일을 지속해야 하는지에 대한 고민을 갖게 한다. 그러한 고민 속에서도 '여자가 나이 들어서까지 하기에는 괜찮은 것 같다', '그래도 다른 직업보다는 괜찮은 직업 같으니까'라고 생각한다. 이는 여자들이 일할 수 있는 노동시장의 현실을 여실히 드러내줌과 동시에 과거 노동시장에서의 부적적인 노동 경험으로 인해 학습지 교사는 그래도 괜찮은 직업으로 다시 재포장되고 있음을 보여준다.

4. 교육 및 수행 업무

1) 신입 입문 교육

　서류전형 및 면접을 통과한 자들은 신입 입문 교육에 참여한다. 교육은 총 2주 동안 진행되는데, 한 주는 본사에서, 한 주는 사업단에서 주관한다. 교육 시간은 오전 8시 40분에서 오후 6시까지이며, 매일 전날 배운 내용들에 대한 테스트가 진행되었다.

　본사에서 주관하는 교육은 총 12개의 과목으로 구성되어 있는데 주로 회사의 기업 이념과 가치를 심어주는 내용과 고객을 대하는 서비스 마인드 교육으로 진행되었다. 사업단에서 주관하는 교육은 판매 주력 상품 개개의 주요 내용과 교수기법 및 상담 방법에 대한 내용으로 구성되었다. 교육이 진행되는 동안 예비교사들은 팀을 구성하여 토론 및 발표를 함께 한다. 필자가 속한 팀의 구성원들은 다양한 경력을 보유하고 있었다. 다른 학습지 교사를 했던 사람, 전업주부로 20여 년을 있다가 처음 사회생활을 시작하는 사람, 대학 졸업 예정자, 마트 판매직 등 전혀 다른 경험을 하던 이들이 한 자리에 모여 있었다. 그들은 '일 한 번도 안 해본 나 같은 사람을 누가 취업시켜주겠어', '아이들을 가르치는 것이 의미 있을 것 같아요', '뭔가 공부한다는 게 정말 오래간만이에요' 등과 같이 이 자리에서 교육받고 있는 것 자체에 큰 의미를 부여하고 있었다. 이러한 의미 부여는 회사에 대한 고마움, 열심히 해야겠다는 마음가짐을 갖도록 만들었다. 교육 강사는 최소 15년에서 20년 이상 해당 기업에 근무했던 이들로 구성되어 있었다. 이들은 실제 학습지 교사 업무를 수행해본 경험이 있는 정규직들로 일을 하면서 개인적으로 알고 있는 성공 사례들을 교육 중간중간 이야기해주었고, 교육생들에게는 '열심히 하면 저 자리에 나도 설 수 있을까? 하는 또 다른 꿈을 갖게 해주기에 충분했다.

2주간의 교육이 마무리되는 마지막 날에는 계약 등 일반적인 사무가 진행되었다. 계약서 작성과 함께 산재보험과 상해보험 중 한 가지를 선택한 후 사업단장으로부터 명함, 배지 그리고 출입증을 받고 교육은 마무리된다. 이때 회사 측으로부터 지급되는 명함과 배지, 그리고 출입증은 학습지 교사가 '특수형태근로종사자'가 아닌 기업에 소속되는 '근로자'라는 것을 주입시키는 물품들이라 생각한다. 배지와 출입증을 착용하고 회사 명함을 사용하며, 회사의 이름을 걸고 일하는 사람으로서 복장 등을 늘 신경을 써야 한다고 강조하는 것은 '근로자'라는 명칭만 사용하지 않았을 뿐, 기업주가 근로자들에게 원하는 소속감과 주인 정신 등을 가져야 한다는 것을 간접적으로 강요하는 행동이기 때문이다. 명함과 배지, 출입증을 받은 예비교사들은 노동시장에서 '인정'받고 다닐 수 있는 직업이 생겼다는 기대와 자부심 등으로 각 지점에서 활동하게 된다.

2) 작업 공간 및 일의 특성

학습지 교사에게 있어 작업장은 사무실과 수업이 이루어지는 지역의 회원 집, 그리고 교사의 집으로 구분될 수 있다. 교사의 집은 6개월 이상 근무한 교사들이 재택근무를 시작하면서 '수업을 준비하는 공간'으로 변화하게 되며, 사무실은 영업 실적을 달성하도록 독려받고 교사별 실적을 경쟁하는 장소이다. 수업이 이루어지는 회원의 집은 내가 준비한 수업을 진행하는 장소이기도 하며, 또 그 수업이 개개의 아이들에게 잘 전달되었는지 학부모로부터 평가받는 장소이기도 하다.

사무실 공간은 크게 1개의 사무 공간과 4개의 회의실로 구성되어 있다. 사무 공간에는 지점장, 스태프, 팀장들의 책상과 3대의 공용 컴퓨터, 프린터, 교재 및 제품들이 정리되어 있으며, 팀장들

책상 앞으로 약 4명이 앉을 수 있는 기다란 책상이 놓여 있다. 팀에 소속되어 있는 교사들이 매일 출근하는 것도 아니고, 출근한다고 해도 대부분 회의실에서 미팅이 이루어지는 관계로 개인 책상이 필요 없다고 할 수도 있겠지만, 교사들 개개인에게 책상은 주어지지 않고 약간의 교재를 넣을 수 있는 개인 사물함만 있다. 대회의실은 지점 차원에서 이루어지는 회의, 교육 등이 이루어지는 공간이다. 대회의실은 모든 교사들이 한 번에 모이는 자리인 만큼 다양한 문구 및 그림 등으로 가득 차 있다. 우선 양쪽 벽에는 팀별 교사들의 이름이 모두 붙여져 있다. 한쪽 벽에는 교사별 제품 판매 및 회원 유입 실적이, 다른 쪽 벽에는 교사별 그만둔 회원 수에 대한 실적이 붙어 있다. 이때 판매 및 유입 실적은 꽃 모양의 스티커로, 휴회 회원 수에 대해서는 폭탄 그림의 스티커가 커다랗게 붙어 있어 바로바로 어느 교사가 실적이 좋고 나쁜지를 한눈으로 파악할 수 있다. 대회의실 정면에는 지점의 슬로건이 붙여져 있으며, 뒷면은 매월 매출, 신규 회원 모집 및 무휴에 대한 도전 교사를 지정, 이름을 붙여놓고 목표를 달성할 수 있도록 독려한다. 이외 3개의 회의실은 각 팀 미팅이 이루어지는 회의실이라고 할 수 있다. 지점 회의 및 교육이 끝나고 난 후에는 팀별 학습 및 상담이 이루어지게 되는데, 결국 이 공간이 그나마 교사들이 편히 앉아 수업 및 기타 필요한 사항을 정리 및 수행할 수 있는 공간이라고 할 수 있다.

학습지 교사의 또 다른 중요 작업 공간은 '수업이 진행되는 회원의 집'이다. 사무실 또는 자택에서 그날 진행될 아이들의 진도에 맞게 교재를 준비하고 교재에 있는 내용을 전달하기 위한 지침서 확인 또는 동영상 시청을 한 후 수업을 한다. 수업은 대개 집 안의 거실이나 아이들의 방에서 이루어진다. 아이들의 방에서 이루어지는 경우 문을 닫고 진행하기는 하나 '집'이라는 공간 내에서 부모가 같이 있다면 결국 부모 앞에서 수업하는 것과 같다고 할 수 있다. 표준 지침서에 의한 수업 내용은 아이들의 성향에 따라 다르게 적용될 수 있다. 지침서 내에 제시된 반응이 일관되게 아이들에게서 나타나지 않기 때문이다. 수업은 준비한 것 외 아이들의 컨디션에 따라 좌지우지될 가능성이 크며, 이러한 아이의 컨디션과는 상관없이 학습지 교사들은 회원모로부터 '수업에 대한 평가'를 받게 된다. 수업 후 간단하게 진행되는 상담 시간에 '오늘은 아이가 집중을 잘 못했죠?', '진도를 좀 다시 설정해야 할까요?' 등과 같이 전체적으로 진행된 수업에 대해 듣고 이야기를 한다는 것이다. 처음에는 독립된 공간에서 진행되는 수업일 경우 회원모가 다 듣고 있을 것이란 생각을 하지 못했는데, 상담을 하면서 내 모든 말과 아이의 말소리 등 반응에 대해 밖에서도 주의 깊게 듣고 있다는 것을 알게 되었다. 이 사실을 알게 된 후에는 오히려 목소리 톤이 더 높아졌고, 아이의 반응을 유도하기 위한 질문을 의도적으로 하게 되었으며, 수업 후 '오늘 수업 재미있었지요?'라는 말을 아이에게 하게 되었다. 교육받을 당시 아이에게 '오늘 수업 재미없었어?'와 같은 부정적인 말을 하면 안 된다고 한 이유를 깨닫게 된 것이다. 그렇다고 학습 효과라는 결과가 무시되지도 않는 공간이다. 교사와 수업하는 시간은 일주일에 15분, 한 달에 4번이다. 수업 후 약간의 숙제를 내주기는 하지만 물리적인 시간만 보더라도 그 시간을 통해 지대한 학습 효과를 기대한다는 것은 무리가 있다. 그러나 시간이 흘러도 아이가 학습 목표를 달성하지 못하면, 그것은 곧 교사의 능력 문제로 직결된다. 수업을 하면서 인지가 늦거나 효과가 나타나지 않는 아이들이 발생하면, 다양한 수업 전략을 세워 적용해야 한다. 표준 교재 외 만들기 및 단어 카드 등을 제작하여 제공해주고 시간이 더 걸리더라도 하나라도 효과를 보게끔 하기 위한 나름의 전략이 투입된다. 이러한 것은 기존에 해야 하는 수업 준비 외 교사가 스스로 감내해야 하는 몫인 것이다.

'수업이 진행되는 회원의 집'은 수업 내용을 전달하여 아이의 학습 효과를 극대화도 해야 하면서, 아이와 회원모의 컨디션과 반응을 고려해 그날그날 만족도도 높여야 하는 공간인 것이다.

마지막으로 자택 공간은 6개월 이상의 교사들이 갖게 되는 작업 공간이다. 매주 2회 사무실로 출근하지만, 일주일에 3회는 자택에서 수업을 준비하게 되며, 모든 수업 교재들은 이때부터 자택으로 배송된다. 따라서 배송된 교재를 아이별로 정리하여 수업 준비를 하는 공간인 것이다. 작업 공간이 지정된 사무실이 아니라는 것은 학습지 교사가 근로자로 인정받지 못하는 요인이기도 하다. 하지만, '공간'만 다를 뿐 그 안에서 행해지는 '노동'은 같다는 점은 간과된 공간이기도 하다.

3) 학습지 교사의 하루 일과

학습지 교사의 하루 일과는 교사로서의 경력이 6개월 미만인지, 이상인지에 따라 다르게 구성된다. 입직 후 6개월 미만까지는 '신입교사(연구교사)'로 분류되어 주 5일 지점으로 출근해야 된다. 6개월 이상이 되었을 시에는 '재택근무'를 하며, 일주일에 2회만 지점으로 출근하면 되는 '전문 및 수석교사'로 구분할 수 있다.

먼저, 6개월 미만의 '신입교사(연구교사)'의 경우 9시 30분까지 지점으로 출근하게 된다. 출근 후에는 30여 분간 진행해야 하는 수업 및 관련 교재를 준비하고 10시부터는 '선배교사(전문 및 수석교사)'로부터 수업 및 상담과 관련된 교육을 받게 된다. 교육의 주요 내용은 해당 일에 진행해야 하는 수업을 신입교사가 시연하고 이에 대해 보완해야 할 점, 수정해야 할 점에 대해 선배교사가 코칭해주는 것과 수업을 진행하면서 발생할 수 있는 아이 및 회원모/부와의 관계에서 대처하기 어려웠거나 필요한 상담 노하우를 전수받을 수 있는 상담 교육으로 구분할 수 있다. 해당 교육은 약 1시간~1시간 30분 정도 진행되며, 입사 동기들과 본사로부터 받는 교육 외 6개월간 신입교사들이 받아야 하는 수시 교육이라고 할 수 있다. 선배교사들의 경우 10여 년 전에는 '교육팀'이 따로 있어 체계적인 교육이 진행되었다고 이야기하였으나, 현재는 선배교사들이 신입교사들의 교육을 전담하고 있다고 볼 수 있다.

교육을 마치고 나면 점심시간이다. 지점에서 몇 시부터 몇 시까지가 점심시간이라고 정하고 있지는 않으나 대개 11시 30분부터 점심식사가 이루어진다. 입사 후 처음에는 팀장 또는 선배교사들과 함께 밖에서 식사를 하였으나, 먼저 입사한 신입교사들의 경우 도시락을 싸 와서 함께 식사하는 분위기라 필자 역시 1주일 후부터는 도시락을 싸서 사무실로 출근하였다. 그러나 이때 의미하는 도시락은 대부분 편의점에서 사 오는 인스턴트 식품이라 영양 섭취 측면에서는 매우 부족하다. 요즘 밖에서 먹는 점심식사의 경우 평균 6,000원 정도의 가격대로 구성되어 있다. 한 달에 20일을 출근해야 하는 신입교사들의 경우 식대로 48,000원이라는 비용을 소비해야 하는 것은 적지 않은 부담이며, 일의 특성상 저녁도 밖에서 챙겨 먹어야 하는 상황이라 매월 정기적으로 지출되는 비용에서 식대를 줄이고자 하는 노력이 보였다. 점심식사 시간은 유일하게 교사들끼리 이야기를 나눌 수 있는 시간이다. 각자 수업 준비 및 교육 시간이 배정되어 있어 편하게 이야기를 나눌 수 있는 시간은 이때뿐이다. 이 일을 하기 전 이들의 경력은 유치원 교사, 미술학원 강사, 건설회사 근무, 가구 매장 운영, 전업주부 등 매우 다양했다. 이 중 유치원 교사로 근무했던 교사는 그래도 유치원 교사일 때는 이렇게 앉아 밥 먹고 이야기할 시간도 없었다며, 현재 일에 매우 만족하고 있었다.

점심식사 후에는 교사별로 수업이 시작하는 시간이 상이하므로 그 시간까지는 개별 수업 준비 시간이라고 할 수 있다. 이때에는 주로 상담 자료나 수업을 위해 필요한 관련 지침서나 동영상을 보고 다음에 진행할 교재를 신청하는 일, 그리고 필요 시 회원모들과의 연락을 취하게 된다. 요즈음 많은 아이들이 학교 하교 후 방과 후 및 학원으로 먼저 가는 바람에 학습지 교사의 방문은 빠르면 3시부터 늦게는 4시 이후에 시작할 수 있다. 이렇게 늦게 시작되는 수업은 신입교사들에게는 저녁 9시가 넘어 퇴근하는 것으로 이어진다. 수업을 늦게 시작한다는 것은 그만큼 하루 동안 수업할 수 있는 물리적인 시간이 제한되는 것이므로 수수료가 높아질 수 있는 한계를 갖고 있을뿐더러 어떠한 형태로는 하루 12시간이 넘는 노동을 해야 함을 의미한다. 즉, 근무 시간을 12시간이라고 했을 경우 2015년 최저임금[11]에도 못 미치는 금액을 인건비로 받고

---

11 2015년 최저임금을 기준으로 산정하면 신입교사들은 최저 1,339,200원 (5,580원×12시간×20일)에 해당하는 노동을 하고 있으나, 실제 받는 수

있는 것이다.

일단 교사들이 담당하고 있는 지역으로 가게 되면 정신없이 수업 및 이동이 이어지게 된다. 수업은 짜인 시간표대로 진행된다. 시간표는 교사마다 차이는 있긴 하나, 제한된 시간 내 많은 수업을 해야 하는 것이 월급과 직결되는 이 일의 경우 시간 관리는 매우 중요한 부분이다. 수업은 15분 수업과 5분 상담으로 과목당 20분 동안 회원 집에 머무르도록 되어 있으며, 이동 시간 10분을 고려하여 시간표가 짜여져 있다. 경험이 많은 교사들은 적당히 시간 관리를 하며 짜인 시간표대로 운영하고 있으나, 신입이었던 필자는 시간 관리에 많은 어려움을 겪었다. 아이가 컨디션이 좋지 않은 경우, 아이가 진행해야 할 수업 내용을 잘 이해하지 못하고 따라오지 못할 경우, 부모와의 상담이 길어지는 경우, 회원의 사정으로 수업이 약간 늦어지는 경우 등 많은 예외 상황이 빈번히 일어나기 때문에 이동 시에는 뛰어다니기 일쑤였다. 그리고 수업이 많이 지연되었을 경우 뒤에 수업하는 모든 회원모에게 전화 또는 문자 메시지를 보내는 것도 이동 중에 교사가 해야 할 일이다. 이렇게 정신없이 보내고 나서 하루를 마무리한다.

수료는 100만 원 수준이다.
2018년 최저임금을 기준으로 산정하면 1,819,200원(7,580원×12시간×20일)이다.

전문 및 수석교사의 경우의 하루 일과도 신입교사와 유사하다고 할 수 있다. 다만, 다른 점은 이들은 기본적으로 '재택근무'를 하기 때문에 일주일에 2번을 제외하고는 집에서 수업하는 지역으로 출근한다는 점이다.

근로자성 판단 요인

학습지 교사와 관련된 법정 공방의 주요 핵심은 '근로자성'이다. 이 장에서는 먼저 근로자로 인정받는다는 것이 무엇을 의미하는지를 파악하고, 특수형태근로종사자들을 대상으로 한 '근로자성' 인정과 관련된 판례 현황을 살펴보고자 한다. 그다음 이 책의 연구 대상인 학습지 교사가 근로자성을 인정받았던 판례와 인정되지 않았던 판례를 비교한다. 학습지 교사는 근로기준법상 근로자는 아니나 노조법상 근로자임을 인정했던 서울행정법원 판결[1]과 근로기준법 및 노조법상 근로자성을 모두 부인한 서울고등법원 판결[2]이 있다. 두 판결은 동일한 판단 기준하에 근로자성을 해석

1   2012.11.1 선고 2011구합20239, 26770 판결.
2   2014.8.20 선고 2012누37274, 37281 판결.

하고 있었으나, '다르게' 해석되는[3] 부분들이 있었으며, 이는 판결에 중요한 영향을 미쳤다. 따라서 본 장의 마지막에는 동일한 직업을 두고 통일되어 있지 않았던 업무 수행 내용 및 방법과 보수의 성격과 내용에 대한 판단 요인을 중심으로 학습지 교사들의 구체적인 노동 과정을 드러내어 판단의 객관성을 높이고자 한다.

---

3   YTN Radio 〈김윤경의 생생경제〉, 2014.8.26. "재능교육 학습지 교사도 '근로자'인가? 네, 근로자 맞습니다!" 인터뷰 내용 발췌

기자 : 오늘 항소심에서 '학습지 교사는 근로자가 아니다' 이게 원래는 근로기준법상의 노동자로 볼 수는 없어도 노조법상으로는 노동자다, 라고 2년 전에 얘기를 했었잖아요. 그런데 이게 바뀌었어요. 판결이 뒤집힌 이유가 뭘까요?

교수 : 저는 뭐 예상했던 사안이고요.

기자 : 아, 예상하셨어요?

교수 : 또 다른 한편으로는 우려했던 사안이기도 합니다. 무슨 말씀인고 하니 1심에서는 근로기준법 근로자는 아니지만 노조법상 근로자다, 2심에서는 근로기준법상 노조법상 모두 근로자가 아니다, 이렇게 한 거고요. 이게 아마 또 다른 법원에 가면 또 다르게 판단할 수도 있습니다. 그만큼 근로자성을 판단하는 기준에 대해서 서로 사법부 내에서도 입장이 통일이 안 되어 있는 상황이거든요.

1. 근로자의 정의 및 법적 보호 범위

　근로자란 '직업의 종류와 관계없이 임금을 목적으로 사업이나 사업장에 근로를 제공하는 자'를 의미한다. 근로자란 매우 법적인 개념으로 일반적으로 법에서 정한 기준에 따라 근로자인지 아닌지를 판단하게 된다. 이때 법에서 정한 근로자로 인정되면 근로자를 보호하기 위한 법들의 혜택을 받을 수 있다. 가장 대표적인 것은 근로자의 인간다운 생활 보장을 위하여 일정 수준 이상의 근로 조건을 보장하는 근로기준법, 근로자의 업무상의 재해를 최소화하고 공정하게 보상하기 위한 산업재해보상보험법, 근로자의 실직에 대비하고 고용 기회를 제공하기 위한 고용보험법, 근로자와 사용자 간의 근로 조건이나 근로자 권익 보호를 위한 노동조합 및 노동관계조정법 등이 있다. 즉, 근로자라면 위의 법적 테두리 안에서 보호를 받으며 노동을 할 수 있다는 것이다. 하지만 특수형태근로종사자들은 '근로자'의 성격을 일부 가지고 있다고 정의하면서도 '근로자'가 아니기 때문에 위의 법적 혜택을 누릴 수가 없으며, 어떠한 형태로도 보호받을 수 없는 것이 지금의 현실이다.

[표 13] '근로자'를 보호하는 관련 법[4]

구분	관련법
근로	근로기준법, 최저임금법, 임금채권보장법, 남녀고용평등법, 산업안전보건법, 산업재해보상보험법, 근로자 퇴직급여보장법 등
노사	헌법, 노동조합 및 노동관계조정법(단결권, 단체교섭권, 단체행동권), 근로자참여 및 협력증진에 관한 법, 노동위원회법 등
고용 훈련	고용정책기본법, 직업안정법, 파견근로자 보호 등에 관한 법률, 건설근로자의 고용개선 등에 관한 법률, 근로자 직업훈련 촉진법, 경영조직법, 독점규제 및 공정거래에 관한 법률, 약관의 규제에 관한 법률 등
사회보장	고용보험법, 임금채권보장법, 근로복지기본법, 근로자의 생활향상과 고용안정지원에 관한 법률, 산업재해보상보험법, 보험업법, 국민건강보험법, 국민연금법 등

---

4   국가인권위원회, 「특수고용직 노동권 침해 실태조사 보고서」, 2006을 기반으로 하여 국가법령정보센터(http://www.law.go.kr/) 법령 검색을 통해 개정 법명 수정(2015.6.10).

2. '근로자성' 판단 요인별 재해석

1) 업무 수행 내용과 방법 측면:사용종속성 요소

근로기준법 제2조 제1항 제1호는 "근로자란, 직업의 종류와 관계없이 임금을 목적으로 사업장에 근로를 제공하는 자"라고 근로자를 정의하고 있다. 이 규정에서 '근로를 제공하는 자'란, 사용종속관계를 전제로 한다. 근로자가 사용자에게 고용되어 근로를 제공한다는 것은 사용자의 지휘·명령을 받아 그가 원하는 내용의 일을 하는 것을 말하며, 이를 인정할 수 있는 구체적인 판단 요소를 바탕으로 근로기준법상의 근로자 여부(즉, 인적 종속관계 여부)를 판단한다. 근로기준법과 노동조합 및 노동관계 조정법에서는 근로자의 개념을 달리 정의하고 있음에도 불구하고 양자를 동일시하는 판례도 등장하고 있다. 이러한 판례의 입장에 따르면 경제적 또는 조직적으로 타인에게 종속되어 노동력을 제공하고 그에 따른 보수를 취득하고 있는 자라고 할지라도 엄밀하게 인적 종속관계에 해당하지 않으면 노동법상 근로자의 지위가 부인된다 (조용만, 2003).

(1) 업무 내용이 사용자에 의하여 정하여지는지

학습지 교사의 기본적인 업무는 회사로부터 지정받은 과목별 학습 시스템을 공급받아 회원인 학생을 주 1회 방문하여 교육하고 관리하는 것이다. 업무 내용이 사용자에 의하여 정해지는지에 대해서는 서울행정법원과 서울고등법원의 입장이 다르다. 서울행정법원은 학습지 교사들의 업무 내용이 위탁계약서 내 '위탁의 기본 내용'으로 명시되어 있으나, 이외 '표준 필수 업무'를 시달 받아 수행하도록 지시받음으로 일부 종속적 관계를 인정한다고 하였다. 그러나 서울고등법원은 '표준 필수 업무'는 업무를 잘 수행하기 위한 가이드이지 강제되는 것은 아니며, 업무에 대해서는 '협의'하여 진행한다고 판단하였다. 즉, 동일한 위탁계약서 내 업무 범위에 대해 지시인지 협의인지에 대한 입장 차를 가지고 있다.

① 계약의 의미

학습지 교사는 위탁계약직이다. 그러나 고용 형태가 근로자성을 결정짓는 중요한 요인은 아니다. 근로자성 판단에 있어 기본 방식으로 적용되고 있는 대법원 1994.12.9 선고 94다22859 판결에 따르면, 근로기준법상의 근로자에 해당하는지 여부를 판단함에 있어서 그 계약의 형식이 민법상의 고용계약인지 또는 도급계약인지는 관계없다. 다만 그 실질에 있어 근로자가 사업 또는 사업장에 임금을 목적으로 종속적인 관계에서 사용자에게 근로를 제공하였는지 여부에 따라 판단한다. 따라서 위탁계약이라는 계약 형식으로 '근로자가 아니다'라고 판단할 수는 없으며, 법원 역시 근로자성 판결에 '계약 형태'에 큰 의미를 두지 않는다.[5]

위탁(委託, referral)이란, 법률행위나 사실행위의 수행을 다른 사람에게 책임을 맡겨 부탁하는 것을 의미한다.[6] 예를 들어 자금을 맡겨서 운영을 부탁하거나 타인을 신뢰하여 어떤 행위를 부탁하는 것으로, 위탁받은 사람은 위탁의 취지에 따라 자기 재량으로 사무를 처리할 수 있다. 위탁계약은 일정한 목적 아래 통일된 노무의 제공을 위탁하는 것이므로 소위 '노무 공급 계약[7]의 일종이

---

5 근로기준법상 근로자성을 인정받은 판례를 보더라도, 화물차 운송 기사는 도급계약, 퀵서비스 배달원은 근로서약서, 채권추심원은 위탁계약서, 종합반강사는 강의용역제공계약서로 계약하였다.

6 국립국어원 표준국어대사전, http://http://stdweb2.korean.go.kr/search/List_dic.jsp

7 타인의 노무 또는 노동력을 이용하는 계약으로 고용, 도급, 위임 등이

다. 그러나 고용과 같이 노무 그 자체의 공급을 목적으로 하는 계약과는 다르다. 즉, 통일된 노무의 제공을 목적으로 하는 것이 아니므로 그 목적의 범위 내에서 수임인 스스로 다소의 자유재량권을 갖는다는 점에서 고용과 다르다. 결국, 위탁계약자란 노무 공급 계약을 하는 근로자와 달리 '스스로 다소의 자유재량권'을 갖는다. 이러한 계약의 특성을 기반으로 해석한 판결에서는 학습지 교사들은 '위탁계약서에서 정한 업무만 수행하며, 수행 방식은 학습지 교사의 자율과 능력에 맡겨져 있다'라고 판단하여 근로자성이 부정되고 있다. 그러나 이러한 논리에는 두 가지 모순이 있다.

첫째, 학습지 교사들에게 '스스로 다소의 자유재량권'은 없다. 위탁계약서상 명시되어 있는 학습지 교사의 업무는 기존 회원에 대한 월 4회 학습 관리, 회사에서 실시하는 교육과 행사에 참여, 신규 회원 모집과 기존 회원 관리이다. 그러나 위탁계약서에 제시되어 있는 업무 외에도 세부적으로 수행하는 업무들이 많이 있으며, 명시된 업무만을 살펴보아도 이는 학습지 교사의 재량이 아닌 회사의 관리 감독을 철저히 받고 있음을 알 수 있다. 기존 회원에 대한 학습 관리는 회사가 지정한 과목에 관한 학습 관리를 수행하는 것이다. 회사의 연구 개발을 통해 만들어진 교재와 해당 교재를 학습하는 데 있어 필요한 상세한 지침서를 바탕으로 학습지 교

있다.

사들이 교육을 받고 현장에 나가 전수하는 시스템인 것이다. 전달 방식이 학습지 교사의 '자율'과 '능력'에 맡겨져 있다고 하나, '자율' 과 '능력'은 회사에서 제시하고 있는 지침서 내에서 이루어지는 것을 의미하며, 그 또한 회사의 교육을 통해 만들어지는 것이라 할 수 있다. 지침서와 교육 내용에는 수업이 진행되는 동안 아이에게 어떤 멘트와 질문을 해야 하는지, 학부모에게는 어떤 상담을 해야 하는지까지 자세히 제시되어 있다. 지침서에서 제시되어 있는 내용 그대로 전달하지 못할 수는 있으나, 지침서를 바탕으로 수업과 상담이 이루어지는 시스템인 것이다.

위탁계약서에는 회사가 정한 기준 회원 수를 상회하는 경우 협의하여 회원 수를 조정하도록 제시되어 있다. 그러나 학습지 교사별로 정해져 있는 관리 구역 내에서 신규 회원이 발생하면, 이에 대한 '협의'와 '조정'은 사실상 불가능하다. 발생된 신규 회원은 무조건 해당 교사가 관리해야 하기 때문이다. 아이들의 수가 줄어들고 유사한 경쟁사들이 만연한 사교육 시장에서 '신규 회원' 모집은 매우 중요하고 쉽지 않은 일이다. 그러나 이러한 시장 사정과는 다르게 매월 신규 회원 목표와 매출 목표를 기준으로 운영되는 지점에서 신규 회원은 쉽게 놓쳐서도, 버려서도 안 되는 중요 고객이다. 그렇기 때문에 회사 매출과 직결된 신규 회원에 대해 학습지 교사는 어떠한 결정권도 행사할 수가 없다.

[사례 1] 기존 회원은 다음 달까지 수업 후 그만두고, 회원 동생이 신규로 수업받고자 한 사례

팀장 선생님, 제가 오늘 ○○ 어머니랑 통화했는데요. 동
생도 수업 이번 달부터 하기로 했어요.

필자 팀장님, 어머니께서 수업료 부담스러워서 ○○이 수
업 끝나고 다음 달부터 동생 한다고 하셨는데요.

팀장 그래서, 우선 한 달은 무료로 수업해주기로 말씀드
렸어요. 수업 이번 주부터 해주시면 될 것 같아요.

필자 팀장님, 지금 시간표상에서 동생까지 수업할 시간이
안 되는데요. 그리고 무료 수업이면 수수료는 어떻
게 되는 건가요?

팀장 선생님께 피해 가게는 안 할게요. 수업은 시간 조정
해서 해주세요.

[사례 2] 학습지를 그만두었다가 다시 신청한 복회 회원

팀장 선생님, 선생님 지역에 복회 신청자 있어요. (출력된
회원 정보 건네며) 연락해봐주세요.

필자 팀장님, 시간표상 이른 시간이 아니면, 수업할 수 없
는데요.

팀장 그건, 어머니랑 통화하시면서 조정해보시면 좋을 것
같아요.

[사례 1]과 [사례 2]는 모두 학습지 교사와의 사전 '협의' 없이 신
규 회원을 모집하고 수업을 '지시'하는 형태임을 알 수 있다. 이 부

분에 대해 불편해하는 교사들이 있으나, 이미 성사된 계약, 즉 제품이 판매되고 계약이 이루어진 후에는 해당 회원의 수업을 위해 시간표를 조절하고 수업을 진행해야 한다. 물론 신규 회원 모집은 학습지 교사도 담당하는 업무 중 하나이므로 교사가 직접 모집한 경우에는 수업에 들어가기 전에 일정 및 시간 조정이 가능하나, 회사 측으로부터 전달받은 신규 회원은 지시를 받아서 관리해야만 하는 회원인 것이다.

위탁계약서에는 학습지 교사들이 회사의 교육과 행사에 최대한 참여하도록 노력해야 한다고 제시하고 있다. 회사의 교육과 행사는 다양한 형태로 이루어진다. 모든 학습지 교사는 일주일에 두 번 회사로 출근한다. 출근하는 날에는 교육 및 회의가 진행되는데, 교육은 회사 제품에 대한 소개, 상담/영업 전략, 교수법 등에 대한 내용으로, 회의는 지점 실적 및 목표 공유로 이루어진다. 법원에서는 '출근이 강제된 것이 아니고 미참석을 이유로 불이익을 주지 않는다'라는 이유로 근로자성 부정 이유 중 하나로 꼽았다. 계약서에는 이 부분에 대해 '반드시'가 아닌 '최대한 노력'이라고 제시하고 있으나, 회사 측에서는 출근에 대해서 간접적으로 관리를 하고 있다. 지점 내 대회의실에는 학습지 교사들의 출석표가 붙어 있다. 매주 화요일과 목요일에 출근하면 교사들 이름 옆에 출근했다는 'O' 표시의 도장이 찍힌다. 매월 8~9번의 출근은 '반드시' 해야 한다. 사정상 해당 일에 출근을 하지 못했을 경우 '대체 출근[8]을 해야 하며, 출근 일수가 채워지지 않으면 '역량 점수'[9]에도 영향을 미치게 된다. 지점에서 진행하는 행사의 의미는 신규 회원 모집을 위한 외부 홍보 활동이라 할 수 있겠다. 홍보 활동은 지점장 및 팀장의 주도하에 이루어지나, 해당 지역 교사들에게 홍보 당일 지원해줄 것을 '부탁'한다. 그러나 이 경우 대부분의 교사들이 함께 동참해서 홍보 활동을 하며, 이를 위한 각종 전단지 접기 등의 업무는 출근일에 모든 교사들이 약 20~30분 동안 함께 진행한다. 그리고 진행된 홍보 활동과 관련된 사진은 지점 전체의 모바일 메신저 단체 대화방을 통해 공유된다. 따라서 누가 언제 어떤 활동을 하고 있는지를 실시간 확인할 수 있으며, 이는 간접적으로 해당 일에 동참해야 함을 강요하는 셈이 된다.

둘째, 위탁직 학습지 교사와 정규직 학습지 교사의 업무는 거의 동일하다는 것이다. 신입 입문 교육을 받을 당시 학습지 교사는 위탁계약직 일반교사와 정규직 직원교사로 구분된다고 하였다. 위탁계약직 일반교사는 계약 유지 2년 이상, 최초 후 교사 추

---

8 매주 화, 목요일에 출근하지 못한 경우 월, 수, 금 중 하루 출근을 해서 출근 일수를 채워야 한다. 이때 출근을 하면 전단지 접기 등 지점에서 지원이 필요한 업무를 수행하게 된다.

9 역량점수는 지점장 권한하에 학습지 교사에게 주어지는 점수이다. 지점에서 목표로 하는 것들을 달성했을 시 지점장 권한에 의해 추가로 3%의 수수료를 받을 수 있다.

천 1명 이상, 자체 순증 25 이상, 휴회율 3.5% 미만일 경우 정규직 직원교사로 전환이 가능하다. 정규직 직원교사는 근로계약 기준에 해당하는 고정급과 70과목의 수업, 매일 출근, 성과급(수수료, 성과수수료, 기타)을 받을 수 있으며, 신입교사 교육 준비 및 회사 내 행사에 참여해야 하는 조건이 있다.

필자가 속한 지점의 위탁교육직 일반교사의 평균 관리 과목 수는 82개이다. 이는 지점마다 차이가 있기는 하나, 정규직 직원교사보다 많은 수이다. 12개 관리 과목의 차이는 6시간[10]의 근무 시간 차이를 발생시킨다. 위탁직과 정규직의 차이 중 가장 두드러진 '출근' 형태에 있어 3일 더 출근하긴 하나 회사 내 머무르는 시간[11]을 계산했을 때 큰 차이가 나지 않는다. 또한, 근무 연수가 2년 이상 정도의 선배교사들은 매일 출근하는 신입교사[12]들을 위해 돌아가며 신입교육을 담당한다. 즉, 출근하지 않는 3일 동안은 선배교사들이 신입들을 위해 '수업 돌보미 교육'[13]을 진행하고 있다. 또

---

10 {과목당 평균 20분(수업 15분, 상담 5분)×12과목}+이동시간(10분×12과목)=6시간.
   * 시간 계산은 수업의 지연, 이동 시간의 차이 등을 고려하여 평균으로 계산한 값이다.

11 오전 9시~12시까지의 시간 기준, 12시부터는 점심식사 후 대부분 수업을 위해 해당 지역으로 이동한다.

12 신입교사들은 입사 후 6개월까지 매일 출근해야 한다.

13 수업돌보미는 선배교사가 신입교사가 그날 진행할 과목 중 몇 개를 지정

한, 회사에서 진행하는 다양한 홍보 활동에도 직접 참여하고 있기 때문에, 그 업무에 있어 정규직 직원교사와 다르다고 할 수 없다. 그럼에도 불구하고 정규직 직원교사는 고정급 및 성과급이라는 특혜를 받는 구조이다.

결국, 위탁계약서 자체가 학습지 교사의 근로자성을 결정짓는 요소가 아니라고는 해도 계약서 내용을 통해 위탁계약의 '자유재량권'이라는 특징이 발현되지 못하고 근로계약서를 작성하는 정규직들과 그 업무에 있어 다르지 않다는 모순을 확인할 수 있다.

② 수행 업무의 정형화

학습지 교사와 회사가 '업무'에 대해 합의하는 문서는 '위탁계약서'뿐이다. 위탁계약서 외의 사항들에 대해서는 명확히 이렇게 해야 한다고 구체화되어 있는 문서가 없다. 다만, 일 처리는 이러이러한 프로세스로 이루어진다고 동료교사나 선배교사, 그리고 대부분 팀장에 의해 전수된다. 실제 위탁계약서 내에 제시되어 있는 학습지 교사의 업무는 매우 구체적이지 않아 해당 문건만 봐서는 업무가 사용자에 의해 정하여지는지 여부를 알 수 없다. 대신 구체적이지 않기 때문에 모든 내용은 계약 후 현장에서 정해진다.

해 직접 시연해보라고 한 후 코칭을 해주고 본인이 알고 있는 노하우를 전수해주는 교육을 의미한다.

이때 정해지는 과정은 '협의'가 아니라 기존 시스템과 프로세스를 '이행'하도록 전달받는 것이다. 교사는 이미 정해진 업무 내용을 전달받아 그에 맞게 현장에서 이행해나가는 것이다.

위에서 언급한 바와 같이 학습지 교사의 업무는 회사에서 만든 교재를 회사에서 정한 교수 기법으로 아이들에게 학습시키는 것이다. 물론, 해당 교재의 내용을 어떻게 전달할 것인지에 대한 재량은 학습지 교사들에게 있는 것처럼 보인다. 회사 또한 회사에서 정한 매뉴얼대로 전달이 이루어지는지 파악하기 어렵다고 이야기할 것이다.

그러나 모든 교재의 내용은 회사에서 제공하는 동영상 및 지침서를 바탕으로 교사가 학습한 후에 전달하게 된다. 미리 교사가 학습하지 않고서는 아무리 주요 학습 대상이 초등학생 이하라고 하여도 원하는 학습목표를 달성하게끔 지도하는 데 어려움이 있기 때문이다. 그래서 과목마다 차이가 있기는 하지만, 각 과목별 표준 수업 시간, 수업 진행 프로세스 및 학습 멘트까지 이미 모델화되어 있다.

회사마다 차이가 있을 수는 있으나, 정해진 수업 시간 내 어떠한 형태로 진행해야 하는지, 어떤 사항을 체크하고 관리해야 하는지가 명확히 제시되고 있다. 제시하는 지침서와 동일하게 모든 것을 진행할 수 없기도 하지만, 결국 그 안에서 수업과 관련된 모든 것이 결정된다고 볼 수 있다. 현재 개발 중이거나 아직 관련 지침서와 동영상이 제작되지 않은 제품에 대해서는 지점 교육을 통해 전수받게 된다. 이 교육에서는 팀장들이 사전에 해당 내용을 본사 교육을 통해 숙지한 후, 교사들 앞에서 시연해봄으로써, 그 교수법과 동일하게 현장에서 전달되도록 교육한다. 진행된 교육에 대해서는 제대로 전달이 되었는지 롤플레이(Role-Play)[14] 및 교사들 앞에 나와 시연을 통해 확인받게 된다. 회사는 학습지 교사들이 주로 수행하는 수업에 있어 인사말부터 마무리 멘트까지 상세히 제시하고 있으며, 교사만 다를 뿐 회원들에게 전달되는 콘텐츠, 교수법 및 상담 멘트까지 이미 정형화되어 있다.

수업 외 업무들과 관련해서는 주로 외근을 해야 하는 업무 특성상 모바일 시스템을 통해 이루어진다. 이를 통해 외부에서도 교사들은 회사 공지사항 및 지점의 공지사항을 확인하며, 회원별 시간표, 진도 확인, 입금 배분 등의 업무를 모두 수행할 수 있다. 또한, 지점 및 팀 내에서 어떤 사항들이 일어나고 있는지는 지점과 팀의 모바일 메신저 단체 대화방을 통해서 실시간으로 확인이 가능하며, 지속적인 업무 지시 및 목표 달성을 위한 독려까지도 모바일을 통해 이루어지고 있다. 따라서 업무의 대부분이 외부에서 이루

---

14 교육 방법으로 가장 많이 활용되는 방법이다. 실제 학부모-교사, 아이-교사와 같이 역할을 나눈 후, 실제 상황처럼 배운 것을 실습한다. 이러한 방법을 통해 연습을 하면서 나올 수 있는 상황 및 질문 등에 대해서는 팀별로 정리하여 공유 및 지점장에게 보고한다.

어지는 특성 때문에 시스템을 통해 해야 할 업무들을 관리 및 규제하고 있는 것이다.

학습지 교사는 초대졸 이상자면 누구나 할 수 있다고 이야기한다. 이것은 시스템이 만들어져 있고, 그 안에서 따라하면 된다는 의미이다. 개인의 능력과 차이는 큰 의미가 없다는 것이다.

(2) 사용자에 의해 근무의 시간과 장소가 지정되고 구속받는지

서울고등법원은 학습지 교사들은 일반 직원과는 달리 통상 매주 3회 출근[15]하고 있으나, 참석이 강제되지 아니하며, 불참 시 불이익이 없으며, 위탁업무 수행 시 자유로이 업무에서 이탈할 수 있다는 이유로 시간적 구속이 이루어지지 않는다고 판결하였다. 장소 역시 학습 지도 등의 업무 수행은 학습지 교사와 회원이 협의하여 결정하며 주로 회원의 집에서 진행되므로 근무 장소 역시 지정하지 않는다고 판결하였다. 이에 대해서는 서울행정법원과 서울고등법원이 같은 입장을 보였다.

---

15 회사별로 출근 일수의 차이가 있다. 필자가 근무한 A사는 주 2회 출근을 기준으로 하고 있다.

① 장소의 지정 여부

A사의 위탁계약서 제7조 관리 구역에는 "최초 계약 시 상호 협의하에 지정된 회원 관리 구역에서 회원 수의 증가에 따른 회원 관리상의 어려움 등의 사유로 기존의 관리 구역을 구분 또는 변경할 필요가 있다고 '갑'이 판단하는 경우나 '을'이 요청하는 경우, '갑' 및 '을'은 사전에 관리 구역의 조정에 관하여 협의하여야 한다"고 제시하고 있다. 위탁계약서상으로는 학습지 교사가 근무하게 될 관리 구역은 '최초 계약 시 상호 협의하에 지정'된다고 명시되어 있는 것이다.

그러나 필자는 신입 입문 교육 마지막 날 계약서를 작성하고 지점으로 출근하기 전까지 이에 대한 어떠한 정보도 듣지 못했으며, 수업 지역에 대한 '협의' 과정도 없었다. 출근 후 팀장을 통해 인수인계서를 전달받으면서 관리하게 될 구역을 전달받았다. 지점에 학습지 교사가 배정되는 것은 정해진 구역 내 회원 수가 너무 많아 구역을 분할해야 하는 경우나, 기존 관리하던 교사가 퇴사했을 경우 이를 대체하기 위해서이다. 이미 구역은 구분되어 있으며, 배정받을 수 있는 구역 또한 정해져 있다. 학습지 교사와 회사가 상호 협의하여 구역을 정하는 것이 아니라 회사로부터 근무할 장소를 1차적으로 지정받는 것이다. 이미 수업받을 장소를 지정받았음에도 불구하고 법원은 '업무 수행 장소는 학습지 교사와 회원이 협의하고 장소는 회사가 지정하지 않는다'는 이유로 종속성을 부정하였다.

　학습지 교사가 어느 지역을 배정 받느냐는 매우 중요한 문제이다. 이에 따라 교사별 수수료 및 업무 수행의 강도에서 차이가 발생하기 때문이다. 지점이 관리하고 있는 구역 내에서도 교사들이 선호하는 지역과 선호하지 않는 지역은 구분된다. 아파트 단지이고 아이들이 많으며, 교육열이 높고 소득 수준이 높은 지역은 학습지 교사가 선호하는 지역이다. 회원 집 간 이동 거리가 짧다는 것은 그만큼 더 많은 회원 관리가 가능하다는 의미이며, 아이들이 많으면 향후 회원 수를 확대할 가능성이 높기 때문이다. 이는 결국 수수료와 연결되기 때문에 매우 중요한 문제이다. 그러나 이와 달리 이동 거리가 먼 주택단지이며 지형 특성상 오르막길이 많고 소득 수준이 낮은 지역은 비선호 지역으로 구분할 수 있다. 교통이 불편하고 걷는 시간이 길며 형편상 회원당 관리 과목 수가 많아질 가능성이 없으므로 동일한 시간을 투자하고도 수수료에 차이가 발생하기 때문이다. 그러다 보니 비선호 지역은 선호 지역보다 교사 교체도 자주 일어나고 교사 교체로 인한 학부모들의 만족도가 떨어져 신규 회원 모집 및 과목 수 확대 자체가 불가능해진다. 그러나 이 지역 자체를 학습지 교사는 선택할 수 없다. 또한, 회사로부터 배정받은 구역 외의 장소에서는 수업할 수 없다. 신규 회원을 교사가 직접 영업했다 하더라도 그 회원이 다른 지역이라면, 해당 지역의 교사에게 넘겨줘야 한다.

학습지 교사는 계약 후, 회사에서 지정한 구역과 회원들을 대상으로 수업을 한다. 비록 회원 집에서 수업이 이루어진다고는 하나 최초 구역과 회원은 회사가 정한 사항이고, 학습지 교사는 그 지역을 벗어나서는 수업을 할 수 없다는 것은 학습지 교사의 업무 수행 장소가 회사에 의해 지정된다는 의미이다.

② 사용자에 의해 정해지는 근무 시간

시간적 구속이란, 회사가 출퇴근 시간 등 소정 근로 시간을 정하거나 출근해야 될 날, 즉 소정 근로일을 정하는 경우를 의미한다. 사실 탄력적 근로 시간제[16]나 재량 간주 근로 시간제[17] 등과 같

---

16 일정 기간의 근로 시간을 연장시키는 대신 다른 근로일의 근로 시간을 단축시킴으로써 일정 기간의 평균 근로 시간을 기준 근로 시간 이내로 설정하는 근로 시간제이다. 근로기준법상 기준근로 시간은 하루 8시간, 주당 40시간이다(『실무노동용어사전』, 2014).

17 재량간주근로시간제는 대통령령으로 정한 일정한 업무에 한정되고, 근로 시간 배분만 아니라 업무 수행 방법까지 근로자의 재량에 맡기고, 실제 근로 시간과 관계없이 노·사가 서면 합의한 시간을 근로 시간으로 간주하는 제도이다. 연구직, 출판직과 같이 업무의 성질상 업무 수행 방법, 시간 배분 결정 등에 대해 구체적인 지시를 하기가 곤란한 업무에 대해서는 사용자가 그 수행 방법 등을 근로자의 재량에 맡기고 근로 시간은 근로자 대표와 서면 합의로 정한 시간을 근로한 것으로 간주(看做)하는 재량근로시간제도를 적용할 수 있다. 근로기준법 제58조 제3항 "업무의 성질에 비추어 업무 수행 방법을 근로자의 재량에 위임할 필요가 있는

은 근로 형태와 도급제,[18] 성과급제[19] 등의 형식으로 한 근로 형태로 인해 사용종속관계 판단에 있어 시간적 구속은 어느 정도 한계를 갖는다. 그러나 특수형태근로종사자들의 근로자성 판단에 있어 시간적 구속 여부는 판결에 큰 영향을 미치고 있다.

학습지 교사들은 오전 9시 30분까지 지점으로 출근한다. 이때, 신입교사들은 6개월이 되기 전까지 매일 출근해야 하며, 6개월 이상 교사들은 주 2회 출근한다. 출근 후에는 회사 및 교재의 변경 사항에 대한 교육을 받고 교육비 입금, 수업 준비 등의 업무가 진행되며 점심식사 후 오후 1시에서 3시 사이 대부분 관리 지역으로 수업을 나간다. 수업을 나가면 하루 15~20과목 정도를 수업하며, 1과목에 평균 15분 수업하면 퇴근은 오후 9시~10시 사이[20]에 하게 된다. 신입교사의 경우 출근부터 퇴근까지 12시간 정도의 업무를 수행하게 되며, 출근을 하지 않는 날은 8시간 정도 업무를 수

업무로서 대통령령으로 정하는 업무는 사용자가 근로자 대표와 서면 합의로 정한 시간을 근로한 것으로 본다."(『실무노동용어사전』, 2014)

18 도급제 임금 지급이란 근로자가 제조한 물건의 양·가격과 매출액 등에 상응한 일정 비율로 금액을 결정하는 임금 제도를 말한다(『실무노동용어사전』, 2014).

19 근로자의 작업 시간에 관계없이 작업 성과나 능률을 기준으로 하여 임금을 지급하는 제도를 말한다(미래와경영연구소, 2006).

20 (과목당 15분+상담 5분+이동시간 평균 10분)×15과목=7.5시간, 20과목 시 10시간.

행한다. 위탁계약서 내에는 '시간'에 대한 언급이 전혀 없다. 그러나 회사에서 교사들에게 관리 구역을 배정한다는 것은 그 관리 구역 내 있는 모든 회원을 관리해야 한다는 의미이고, 관리하고 있는 회원들이 몇 과목의 수업을 하는지가 명확한 상황에서 교사들의 근무 시간은 정확하게 계산이 가능하다.

법원에서는 이에 대해 "학습지 교사들은 일반 직원과는 달리 통상 매주 3회 출근하고 있으나, 참석이 강제되지 아니하며, 불참 시 불이익이 없으며, 위탁 업무 수행 시 자유로이 업무에서 이탈할 수 있는 이유로 시간적 구속이 이루어지지 않는다"라고 판결하고 있다. 먼저, '출근이 강제되지 아니하며 불참 시 불이익이 없으며'에 대해서는 표면적으로 반박할 수 있는 사항은 없다. 위탁계약서 내에서도 '출근'에 대한 조항은 없으며, 단지 '교육'과 '행사'에 최대한 참여하도록 노력한다고만 제시되어 있기 때문이다. 그러나 학습지 교사들의 출근과 관련한 출석부를 관리하고 있다는 점과 신입교사의 경우 6개월간 출근 일수를 채우지 못할 경우 그 일수를 6개월 이후에도 채워야 한다는 점, 경력교사들의 경우에도 출근 일에 출근하지 않았을 경우 대체 출근을 해야 한다는 점은 직접적으로 강제하지는 않는 것처럼 보이나 그 행위를 해야 하는 '의무'로 규정함으로써 강제화하고 있다고 할 수 있다.

그리고 '수행 시 자유로이 업무에서 이탈할 수 있는 이유'로 인해 시간적 구속을 부정한 판결은 학습지 교사의 수업 현실을 제대로 이해하지 못한 데서 온 판단의 오류라 볼 수 있다. 학습지 교사의 수업은 교사 혼자서 하는 수업이 아니다. 회원과 약속한 날짜와 시간, 장소에서 이루어지는 업무인 것이다. 이에 대해 상호 협의를 통해 '조정'할 수는 있으나, 자유로이 업무에서 이탈할 수는 없다. 수업은 과목당 월 4회를 기준으로 한다. 5일 동안 수업할 과목에 대해 시간표가 정해져 있는 상황에서 해당 시간에 수업을 못하게 되었을 경우, 반드시 보충수업을 진행해야 한다. 그러나 기존 시간표 외 보충수업 일정을 잡는 것은 쉬운 일이 아니다. 회원 아이 역시 학습지 외 다양한 사교육 활동을 하고 있으며, 교사 역시 기존 회원들과 약속한 시간이 있어 비어 있는 시간을 찾기란 쉽지 않기 때문이다. 즉, 자유로이 업무에서 이탈할 수 있다는 것은 업무가 주로 회사 밖에서 이루어지고 있기 때문에 내린 판단이라 보이며, 이탈에 대한 모든 책임 또한 교사가 감당하는 것이기 때문에 이를 두고 시간적 구속이 이루어지지 않는다고 볼 수는 없다. 만약, 월 4회 수업이 이루어지지 않았고 보충수업에 대해 회원과 합의가 이루어지지 않았을 경우, 비공식적으로 교사는 회원에서 수업에 대한 교육비를 환불해준다. 즉, 교육비가 월 48,000원이라고 했을 경우 1회당 수업료는 12,000원이므로 해당 금액을 회원모(부)에게 돌려준다. 이때 교사의 연수 및 성과에 따라 수수가 차이는 있으나 신입의 경우 과목당 교육비의 42%인 20,160원, 1회당 5,040원의 수수료를 받고 있는 상황에서 12,000원을 환불

해줄 경우 6,960원의 손해를 입게 된다. 결국, 수업에 대한 책임과 손해를 모두 학습지 교사가 떠안고 있는 상황에서 자유로운 이탈 자체 또한 간접적으로 제한되고 있다.

요일마다 차이가 있기는 하나 대부분의 시간표는 오후 1시부터 10시까지 짜여져 있다. 1인당 학습 시간 및 약간의 이동 시간을 제외하고는 바로바로 수업을 할 수 있도록 촘촘히 구성된다. 이 때 만약 갑자기 회원이 수업을 못 하게 되는 경우, 30분 정도는 길거리에서 보내는 애매한 시간이 된다. 사전에 합의되지 않았기 때문에 다른 회원의 보충수업을 진행할 수도 없다. 이렇게 낭비되는 시간과 수업을 하지 못함으로 발생하게 될 추가 시간 모두 교사의 몫이다. 필자가 활동하는 동안에도 갑자기 수업을 연기하거나 집에 아무도 없어 수업을 못 하는 경우가 종종 발생했다. 그런 경우 길가 의자나 주차장 주변에서 다음 수업 시간까지 기다리거나 근처 편의점에서 기다리다 이동하곤 했다. 개인적으로 이미 그 시간은 그 회원으로 인해 의미 없는 시간이 되어버렸어도 따로 시간을 내 보충수업을 해줘야 한다. 이것은 회사와 회원모(부) 사이에는 '당연시'되고 있다.

교사는 정당하지 않은 이유라 해도 수업을 하지 못하면 보충수업을 해야 하며, 정해진 시간표대로 진행하기 어려울 경우 토요일까지 일정을 잡아 수업을 한다. 교사 개인의 입장에서는 정해진 업무 시간 외 업무를 수행해야 하는 불이익을 감수해야 하지만 오롯이 그것은 교사의 몫이며, 이에 대한 어떠한 보상도 받을 수 없다. 이러한 상황에서 사무실이 아닌 외부에서 근무하기 때문에 자유로이 근무지를 이탈할 수 있다는 해석은 현실적이지 않다.

[표 14] 수업 시간 변경 사례[21]

구분		내용	보충수업 여부
명절 및 국경일		명절 및 국경일, 휴일과 휴일 사이	O
교사의 개인사정		부상 및 치료, 질병 등의 이유	O
회원개인사정	정당한 사례	• 아이의 질병으로 수업 진행이 어려움 • 여행 등으로 수업 어려움 • 기타 개인 사정으로 수업 진행이 어려움을 사전에 알림 등	O
	부당한 사례	• 집 앞에 도착했는데, 아이가 놀이터에서 들어가지 않겠다고 해서 수업 연기 • 집에 아무도 없어 연락했는데 연락되지 않았고 다음 날 운전 중이어서 전화 못 받았다고 함 • 집에 아무도 없어 연락했는데, 수업 요일을 깜빡했다고 함 • 수업 가려던 중 아이 아빠가 갑자기 어디에 데리고 갔다고 연락 옴 • 수업하러 갔는데 아이가 외출에서 돌아오지 않음 • 직장모의 경우 퇴근이 늦어져 수업 못할 것 같다고 연락 옴 • 수업 10분 전 사정이 있어 수업 못한다고 연락 옴	O

---

21 A사 참여관찰 자료를 기초로 필자가 작성.

(3) 취업규칙 또는 인사규정 등의 적용을 받는지

학습지 교사는 취업규칙 또는 인사규정의 적용을 받지 않는다. 왜냐하면 '위탁계약자'이기 때문이다. 서울고등법원은 학습지 교사는 사업관리규정을 적용받는데 여기에는 학습지 교사의 승진, 근무 시간, 휴가, 징계 등 인사에 관한 규정을 두고 있지 않다는 이유로 근로자성을 부정하고 있다.

> 사업관리규정에 교사, 직원, 같은 책에 사업장, 지역국 장이 해야 할 일, 교사가 해야 할 일이 한 권에 다 있어요. 정규직의 업무도 들어 있어요. 기본 매뉴얼인 거예요. 이 회사를 운영하는 데 있어 복잡한 시스템에 대한 각각의 운영 지침, 방향, 어떻게 해야 하는지가 다 나와 있어요.
>
> B사 오○○ 사무장

필자가 근무한 지점에서는 '사업관리규정'도 찾아볼 수 없었다. 퇴직하기 전 관련 프로세스 등을 알기 위해 규정집 등이 있는지 물어보았으나, 총무 담당자는 그런 건 없는데 한번 찾아보겠다고 만 답하였다. 결국, 관련 규정 등에 대해서는 전달받은 사항이 없어 B사 단체협약 공개설명회를 통해 공유되었던 2014년 단체협약 잠정 합의안과 근로자들이 적용받는 취업규칙[22]을 비교하여 어떤

---

22 제93조(취업규칙의 작성 · 신고) 상시 10명 이상의 근로자를 사용하는

차이가 있는지 살펴보고자 한다.

취업규칙 내 포함해야 할 내용을 기준으로 사업관리규정의 내용을 비교해본 결과, '퇴직금'과 관련한 사항을 제외하고는 모든 내용을 포함하고 있음을 알 수 있다. 물론 '임금'을 '수수료', '퇴직'을 '계약 해지', '휴직'을 '휴업' 등으로 표현하고 있었지만, 이는 '위탁계약자'라는 신분 때문에 변경된 명칭일 뿐 실제 그 내용은 동일한 사항으로 구성되어 있음을 알 수 있다. '퇴직금'의 경우도 '퇴직금'을 받지 않기 때문에 근로자가 아닌 것이 아니라 근로자로 인정받지 못하기 때문에 '퇴직금'을 받을 수 없는 것으로 해석되어야 한다.

이 단체협약은 잠정 합의안이었고, 이 내용 또한 지속적으로 변화하고 있다. 이 변화의 방향이 사측에 유리한, 그리고 학습지 교사들이 문서상으로 근로자성을 인정받지 못하게 될 내용들로 변경되고 있다. 만약 노조의 힘이 점점 줄어들고 공식적으로 인정받지 못한다면, 앞으로 근로자성 인정 요소 중 이 항목에 대해서는 절대로 인정받지 못하게 될 것이다. 따라서 현재 그 내용이 어떻게 변화되고 있는지, 실제 '사업관리규정'이라는 명칭 아래 어떠한 내용들로 구성되어 있는지 좀 더 자세한 해석이 필요할 것이다.

[표 15] 취업규칙 Vs. 사업관리규정[23]

취업규칙	사업관리규정
업무의 시작과 종료 시각, 휴게 시간, 휴일, 휴가 및 교대 근로에 관한 사항	제42조(일하는 시간) 제56조(하절기 지원) : 여름휴가
임금의 결정 · 계산 · 지급 방법, 임금의 산정기간 · 지급시기 및 승급(昇給)에 관한 사항	제31조(수수료 지급)
가족수당의 계산 · 지급 방법에 관한 사항	제54조(경조비 지급)
퇴직에 관한 사항	제28조(계약 해지) 계약 해지 내용 명시
근로자퇴직급여보장법 제4조에 따라 설정된 퇴직급여, 상여 및 최저임금에 관한 사항	-
근로자의 식비, 작업 용품 등의 부담에 관한 사항	제34조(외곽 관리 교실 교통비 지급)
근로자를 위한 교육 시설에 관한 사항	제16조(조합원 교육) : 교육을 위한 장소 제공 제58조(조합원 교육 지원)
출산 전후 휴가 · 육아 휴직 등 근로자의 모성 보호 및 일 · 가정 양립 지원에 관한 사항	제29조(휴업) 임신, 출산, 질병 등의 이유로 휴업 가능 제45조(남녀평등과 모성보호) 제46조(품위 및 명예 존중) 제47조(사내 성희롱과 폭행 금지)

---

23 취업규칙 : 근로기준법 제9장 취업규칙 제93조 취업규칙의 작성 · 신고.
사업관리규정 : B사 단체협약 잠정 합의안(2014)에서 제시한 사업관리규정.

안전과 보건에 관한 사항	제49조(건강검진) 제50조(상해보험 가입)
업무상과 업무 외의 재해부조(災害扶助)에 관한 사항	제30조(휴업자 처우) : 부상 시 진단 기간에 따른 생계비 보조
표창과 제재에 관한 사항	제26조(표창) 창립기념일 감사장 및 기념품 지급
그 밖에 해당 사업 또는 사업장의 근로자 전체에 적용될 사항	제55조(동호회 운영) : 동호회 지원비 지급

(4) 업무 수행 과정에서 사용자로부터 상당한 지휘 · 감독을 받는지

근로자성 인정에 있어서 사용자로부터의 상당한 지휘 · 감독을 받는지 여부에 대한 문구는 2006년 '구체적 개별적 지휘 · 감독'에서 '상당한 지휘 · 감독'으로 변경되었다. 그리고 현재까지 법원은 지휘 · 감독이 인정되는 요소들이 있다고 하여도 그 지시의 강도나 강제성 등을 중심으로 판단하고 있다. 이는 이 부분에 대한 '자의적 판단'이 가능하다는 것을 의미한다. 지금까지 '자의적 판단'은 근로자성 판단 기준에 해당하는 요소들을 단순히 평면적으로 나열하여 그 요소를 충족시키느냐 아니냐로 판단하여 근로자성이 부정되는 결과로 이어졌다.

학습지 교사에 대한 근로자성 판단 시 이 요소에 대해 서울행정법원과 서울고등법원은 다르게 판결하였다. 서울행정법원은 채용에 있어 1, 2차 면접과 신입 교육이 진행되고 관리 구역과 회원 규모는 지점장에 의해 결정된다는 점, 매주 출근하여 교육을 받는다는 점, 표준화된 방식으로 수업이 진행된다는 점, 지점 내 개인 사물함 등이 배치되어 있고, 겸업이 불가능하다는 점, 회원 관리를 위한 진도 체크 및 회비 수납 상황 등을 정기적으로 시스템에 입력하고 이를 지점장 및 팀장이 확인한다는 점 등을 이유로 상당히 종속적인 관계에서 일정한 노무를 제공하여온 점이 인정되기는 한다고 판결하였다. 서울고등법원은 학습지 교사는 상당한 지휘·감독을 받지 않는다고 판결하였다. 그러나 서울고등법원은 서울행정법원에서 인정한 항목들에 대해 비록 해당 항목들이 이루어지기는 하나 이는 '협의'와 '자율', '편의 제공'에 따른 것이라는 '자의적 판단'으로 근로자성을 인정하여 근로기준법의 각종 보호제도를 전면적으로 적용해야 할 정도의 노무제공자는 아니라고 판결하였다.

근로기준법에서 '사용자'란 사업주 또는 사업 경영 담당자, 그밖에 근로자에 관한 사항에 대하여 사업주를 위하여 행위하는 자를 말한다. 지점을 중심으로 사업이 이루어지는 학습지 회사 특성상 학습지 교사의 사용자란 팀장 및 지점장이라 할 수 있으며, 이들에 의해 지휘·감독이 어떻게 이루어지는지가 이 요소를 판단하는 가장 기본적인 근거라 할 수 있을 것이다.

지휘(指揮)란, 어떤 목적을 효과적으로 이루기 위하여 단체의 행동을 통솔하고 어떤 일의 해야 할 방도를 지시하여 시키는 것을 의미한다. 감독(監督)이란, 어떤 일이나 그 일을 하는 사람을 잘못이 없도록 보살펴 다잡는 것을 의미한다.[24] 학습지 교사는 분명 팀장 및 지점장의 지휘·감독을 받고 있으며, 이를 위한 '보고 체계'가 정립되어 있다. 보고는 조직 내에서 상하 계층 간이나 부서 상호 간 일정한 의사 또는 자료를 전달하는 과정으로 기업의 경우 조직의 목표 달성을 위한 관리 목적 및 기능 수행을 근거로 보고 체계가 구성된다. 즉, 학습지 교사는 팀장 및 지점장과 수직적인 관계 속에서 지점의 목표 달성을 위해 지휘·감독을 받으며 업무를 수행하는 근로자라는 것이다.

① 개인별, 팀별 목표 관리

필자가 경험한 기업은 교육사업과 관련하여 지점 체제로 운영되고 있었다. 회사 내 교육사업본부는 본부장 아래 7개의 교육단과 단장, 그리고 그 아래 10~13개의 지점과 지점별 지점장들로 구성되어 있었다. 지점 내 속해 있는 인력들을 살펴보면, 지점장, 팀장, 스태프 그리고 교사들로 나눌 수 있는데 이 중 지점장, 팀장, 스태프 인력은 정규직으로 4대 보험 및 성과에 따른 인센티브, 승진 등이 보장되며, 교사들은 모두 위탁계약직으로 구분된

---

24 국립국어원 표준국어대사전 참조, http://stdweb2.korean.go.kr/search. List_dic.jsp

다. 면접과 교육 당시 교사는 정규직 교사와 위탁계약직 교사로 구분된다고 이야기하였으나, 해당 지점에 정규직 교사는 없었다.

[그림 1] 지점장–팀장–교사 간 지휘 · 감독 관계[25]

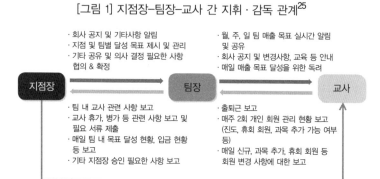

역할을 살펴보면, 지점장은 지점의 목표 설정 및 달성, 행정 관리 및 홍보 등의 업무를 수행하며, 스태프는 교사들이 필요로 하는 교재, 계약서 및 급여의 관리와 사무실 내 필요한 집기류 등을 관리 및 지원하는 역할을 한다. 팀장들은 팀별로 9~11명의 교사와 함께 팀 목표를 설정하고 달성하는 역할을 하며, 이외 지점장

---

25 A사 지점장, 팀장 및 교사 간 지휘 · 감독에 대한 사항을 기초로 필자가 작성.

과 함께 외부 홍보 활동, 교사별 회원들에 대한 해피콜 진행, 직간접 영업 활동, 그리고 교사들이 출근하면 1 : 1 미팅을 통해 교사 개인의 실적 및 회원을 관리하게 된다.

학습지 교사가 위탁관리직이라고는 하나 조직도의 구성을 보면 수직적인 팀 중심의 조직 형태임을 알 수 있다. 지점에 대한 전체 총괄은 지점장이 담당하나 업무의 대부분은 팀을 중심으로 이루어진다. 팀제는 환경 변화에 유연하게 대응할 수 있고 효율적으로 인력을 관리할 수 있다는 점 등으로 대부분의 기업들이 도입 적용하고 있는 조직 구조이다. 팀제는 일반적으로 팀원들 간의 대면적인 상호작용을 가지고 있다는 것, 생산 혹은 서비스를 책임지는 팀원들의 상호 관련된 업무들이 연계되어 있다는 것, 의사 결정에 관한 재량권을 어느 정도 가지고 있다는 특징을 가지고 있다. 이 중에서도 의사 결정에 관한 재량권이란 업무 할당, 업무 수행, 활동 계획에 대해 보장받을 수 있다는 것을 의미한다. 이외에도 다른 조직보다 팀원들에게 높은 수준의 자율성이 보장된다는 점과 팀장과 팀원들 간에 1 : 1의 접촉이 가능하다는 점, 팀이 수평적 구조로 되어 있어서 의사 결정 과정에 모두가 참여할 수 있는 권리를 보장하고 있다는 특성을 보유하고 있다(임창희 외, 1999).

이러한 팀제의 특성을 바탕으로 필자가 근무한 지점도 3개의 팀으로 구성되어 있었다. 팀별로 매월 목표가 설정되고 실적 관리도 팀을 중심으로 이루어진다. 교사 한 명 한 명의 실적이 모아져 팀장의 성과로 평가되며, 이를 위해 팀장은 팀원들에 대한 동기 부여 및 성과 창출을 위한 관리라는 중요한 역할을 담당하고 있다. 위탁계약직이라고는 하나 결국 일반적인 회사 내에서 볼 수 있는 조직 구조와 그 구조 안에서 팀장과 팀원이라는 관계로 설정되어 운영되고 있는 것이다.

매주 화요일과 목요일에 진행되는 전체 교육 및 회의에서는 개인별 달성해야 할 목표를 반복적으로 언급한다. 학습지 교사는 매월 신규 회원 또는 과목을 6명(개) 유입해야 하며, 휴회는 2개 미만으로 막아야 하고, 전집 등 판매는 100만 원 이상으로 달성해야 할 목표가 정해져 있다. 이러한 개인별 목표는 팀 목표가 되고 나아가 지점의 목표가 된다. 이 목표 달성을 위해 팀 차원과 지점 차원에서의 다양한 동기 부여 방법이 활용된다.

먼저, 목표를 설정하고 이를 달성했을 시 이에 상응하는 보상을 해주는 방법이다. 필자가 속한 팀의 경우 팀원을 다시 2개의 그룹으로 분리하여 팀 내 목표 달성을 독려하는 형태로 동기 부여가 이루어졌다. 팀장은 유입 건수 및 매출 비교를 통해 이긴 그룹에게 '식사권'을 제공하겠다고 제안하였고, 이긴 그룹은 일주일 뒤 일정 비용을 지원받아 회식을 할 수 있었다. 지점장의 경우에는 팀을 대상으로 판매 또는 유입 목표를 설정하고 이를 달성한 팀에게는 워크숍을 갈 수 있는 비용을 지원하겠다고 제안하였다. 이는 아직까지도 진행 중인 내용이다. 이 외에도 본사 차원에서도 다양한 '시책[26]'이 내려오고 전체 목표 외 시책 달성을 위한 다양한 활동들도 이루어진다.

목표 달성에 대한 보상 외 가장 빈번히 사용되는 동기 부여 방법은 '선착순'으로 선물을 제공하는 방식이다. 위탁계약서 내 업무 내용으로 명시되어 있지는 않으나 '홍보 활동' 역시 학습지 교사들이 수행하고 있는 주요 업무 중 하나다. 전체 교육 및 회의가 시작되기 전 20~30분씩 홍보 전단지를 접어 홍보 활동을 준비하기도 하고 직접 접은 전단지를 가지고 나가 지역 내 우편함에 넣는 일도 수행한다. 이러한 경우 전단지를 우편함에 넣고 인증 사진을 모바일 메신저 단체 대화방에 올리면 선착순 몇 명에게 선물을 제공하는 방식이다. 본사 차원에서 나온 제품 교육이 있으면, 강의를 담당한 강사는 교육 당일 가장 먼저 해당 제품을 판매한 교사에게 커피 또는 피자, 문구류 등을 제공하는 형태로 동기 부여를 한다.

학습지 교사들의 모든 활동들은 지점과 팀별 대화방을 통해 공개 및 공유된다. 어느 팀이 목표 달성을 하고 있는지, 팀 내 어느 교사가 회사에서 제시한 목표 및 지시 사항을 잘 지키고 활동하고 있는지를 실시간으로 확인 가능하다. 이러한 확은 교사 개인별 팀

---

26 주기적으로 본사로부터 매출 얼마 달성 시 교사와 지점에게 일정 금액을 지급한다는 내용의 정책이 내려온다.

별 목표 달성에 대한 경쟁을 자동적으로 유발시키고 지점 목표를 달성하는 데 아직까지는 유리해 보인다. 사실, 이러한 방법은 조직 입장에서 성과를 낸다고 해도 일반 근로자들처럼 인센티브나 승진 등의 혜택을 줄 수 없는 위탁계약직들에게 동기 부여할 수 있는 유일한 방법이다. 위탁계약자인 학습지 교사들 역시 이러한 활동들이 결국 수수료를 인상시킬 수 있는 방법이라 생각한다. 최소 이 정도라도 보상받자라는 심리가 함께 작동하고 있었다.

일반적으로 팀제는 신속한 의사 결정을 통한 업무의 효율화, 현장 중심의 자율적 책임 행정 체계 구축, 환경의 급격한 변화에 대한 대응 등을 통해 조직을 성과 중심으로 운영하고 기업의 목표 달성을 위해 도입되는 전략 중 하나이다(이준호, 2006). 조직 내에서 개인별, 팀별 목표가 부여된다는 것과 그 목표 달성을 위해 조직 차원에서의 동기 부여 전략들이 동원된다는 것은 일반적인 조직과 근로자 관계에서 이루어지는 활동이다. 이러한 활동이 학습지 교사들을 대상으로 이루어진다는 것은 이들은 근로자라는 것을 방증하는 것이다.

② 업무에 대한 의사 결정

지점 내에서는 교사-팀장-지점장 간에는 일정 보고 체계가 있다. 이 보고 체계는 결국 의사 결정 체계라고도 볼 수 있다. 위탁계약자가 노무 공급 계약을 하는 근로자와 가장 큰 차이점은 '스스로 다소의 자유재량권'을 갖는다는 점이었다. 계약에 따르면, 위탁계약자인 학습지 교사의 주요 업무는 '기존 회원 관리 업무'이기 때문에 이 업무를 수행하는 데 분명 '재량권'이 있어야 한다. '기존 회원 관리 업무'의 범위는 회원의 학습 관리와 기존 과목 외 과목 추가 유도, 휴회의 방지로 정의할 수 있다. 그렇다면 위 3가지 범위에 대해 학습지 교사는 자유롭게 수행할 수 있는 권한을 가지고 있어야 한다.

그러나 '업무가 사용자에 의해 정하여지는지'라는 근로자성 판단 요소에서도 살펴보았듯이 회원에 대한 학습 관리는 회사에서 개발한 교재와 회사에서 제시한 교수법을 근간으로 하고 있다. 어떻게 전달하느냐에 대해 교사의 재량권이 있다고는 하나 결국 그 재량권은 주어진 틀 내에서의 권한을 의미한다. 두 번째는 기존 회원을 대상으로 한 과목 추가 유도 업무이다. 기존 회원 중 1~2 과목만 수업을 하고 있는 회원은 과목 추가가 가능한 잠재적 고객이다. 그러므로 교사가 아이의 상황 및 수준 등을 보고 회원 부모와 상담하여 과목을 추가하는 경우가 영업 중 가장 쉬운 방법이 된다. 그러나 이에 대해서도 팀장의 개입은 이루어진다. 기존 회원에 대해서는 매주 2회, 팀장에게 보고가 이루어진다. 회원별 추가할 수 있는 과목은 무엇인지, 형제 자매가 있는지, 회원 부모가 혹 관심 있어 하는 전집 등 다른 제품은 없는지, 그만둘 가능성은 있는지에 대해 일정 양식을 작성한 후 팀장과 1:1 면담이 이루어진다. 이렇게 공유된 회원 정보는 교사가 아닌 팀장이 직접 영업을 수행하는 소스가 된다. 필자의 경우에도 팀장을 통해 기존 회원들의 과목이 추가된 건이 3개월간 5건에 이른다. 이는 교사의 업무 수행이 독립적이지 않다는 것을 보여준다. 마지막으로 '휴회 방지'이다. '휴회'[27]는 교사가 절대 독자적으로 결정할 수 있는 부분이 아니다. 매주 2차례의 회원 관리 보고에서 휴회 가능자를 작성하는 것은 다양한 방법으로 휴회를 막기 위함이라 할 수 있다. 아이들 수의 감소와 시장 내 동종 업계의 경쟁이 치열해진 현재 신규 회원을 유입한다는 것은 결코 쉬운 일이 아니다. 그래서 신규 회원을 모집하는 것만큼 중요한 것은 휴회를 막는 것이라 이야기한다. 지점 목표에 '인당 휴회 2건 미만'이라는 목표가 설정되어 있는 이유도 그것이다. 그만두겠다고 의사를 밝힌 회원이 있으면 이에 대해서는 그날 퇴근 보고를 통해 팀장에게 보고한다. 그러나 휴회 보고와 휴회 처리는 다른 의미라 할 수 있다.

> 필자 팀장님, ○○가 개인적인 사정으로 이번 달까지만
> 수업하고 잠시 쉬었으면 좋겠다고 해요.

---

27 회사 기준상 고객 입장에서 학습지를 그만두고 싶으면 매월 15일 전에 이를 교사 또는 회사에 이야기해야 한다. 이는 2주마다 이루어지는 교재 신청과 교육비 납입(선불), 지점별 휴회 관리상 정해진 기준으로 15일 전 휴회 의사를 밝히면 해당 월까지 수업 후 마무리된다.

팀장 선생님, 이번 달은 안 되는데…… 지점장님께 이번
　　　 달 휴회 보고 이미 마쳤는데요.

필자 팀장님, 기준상 15일 이전에 휴회 의사 밝히면 된다
　　　 는 것 다 알고 계시는데요.

팀장 선생님, 부득이 다음 달 교재 신청이 이미 되어 다음
　　　 달까지는 수업해야 한다고 말씀해주세요. 휴회 막아
　　　 주세요.

회원모가 그만두겠다고 확고하게 이야기한 상황에서 휴회를 막
을 방법은 없다. 그러나 지점 내에서는 이미 해당 월 휴회 보고가
끝난 상황에서 수정할 수는 없으며, 또 매월 기준으로 삼고 있는
최대 휴회자 수를 초과했을 경우 더 추가하는 것은 현실적으로 불
가능하다. 휴회를 막는 방법은 휴회한 회원 수만큼 신규 회원을
모집하거나, 휴회했지만 휴회하지 않은 회원으로 안고 가는 방법
뿐이다.

이렇듯 학습지 교사의 주요 업무에 대한 모든 의사 결정은 개인
의 재량이 아닌 팀장의 확인을 받고 최종 확정되는 것이다.

③ 퇴직의 관리

위탁계약서 제9조 2항에 따르면, "을은 1개월 전에 서면으로 통
지함으로써 본 계약을 해지할 수 있다"고 명시되어 있다. 계약 체
결 후 퇴직을 하고자 한다면 1개월 전에 사직서를 제출하고 그만

둘 수 있다는 것이다. 그러나 필자가 퇴직을 회사 측에 고지한 후 3개월이 지나서야 퇴사 처리가 완료되었다.

학습지 회사가 겪고 있는 어려움 중 하나는 교사들의 잦은 교체라고 할 수 있다. 학습지 회사는 매년 학습지 교사 수의 50%를 신규로 채용하고 있으며, 전체 교사 수는 매년 거의 일정하게 유지된다(배권탁, 2008). 필자가 근무한 지점의 경우 전체 30명의 교사 중 1년 미만인 교사가 8명, 1년 이상~2년 미만 교사가 2명, 5년 이상인 교사가 20명이었다. 이 중, 필자가 퇴사할 즈음 1년 미만 교사 1명이 퇴사하였고, 필자 외에도 2명이 퇴사 의사를 밝혀놓은 상태였다. 즉, 지난 4개월간 퇴사하거나 퇴사 의사를 밝힌 교사는 모두 입사한 지 1년 미만인 교사들인 것이다. 이로 인해 5월 신입교사 4명이 지점에 새롭게 배정되었다. 필자를 포함하여 퇴사의 가장 큰 이유는 위탁계약직이라는 고용상의 불안과 업무 수행에 대한 시간 투자 대비 적은 수수료라 할 수 있다. 선배교사들의 경우 2년 정도만 버티면 일도 익숙해지고 수수료도 어느 정도 수준을 유지할 수 있게 된다고 이야기한다. 그러나 이때 붙는 단서는 이 정도 나이에 어디 가서 이 정도의 돈을 버는 것 자체가 쉽지 않다는 것이다. 일하기 좋아서가 아닌, 일반적으로 다른 여성들이 하는 일과 비교해서 그나마 괜찮다는 의미이다.

위의 이유 외에도 여러 개인적인 사유로 퇴사를 하게 되는데, 계약서에 명시되어 있지는 않지만 학습지 교사의 퇴사는 인수인

계반을 교사가 확정되어야 가능한 일이다. 계약서상에 명시되어 있는 1개월 전이라는 기간은 퇴직 시 의미가 없다. 만약, 인수인계할 교사가 확정되지 않는다면 언제 그만둘 수 있을지 알 수가 없다. 이러한 경우, 무단으로 퇴사하는 경우도 발생한다. 필자의 경우 퇴사 의사를 밝힌 후 회사 측으로부터 어떠한 안내도 받지 못해 답답한 심경을 동료 교사들과 이야기한 적이 있었다. 한 교사의 동기 역시 무단 퇴사했다가 지점장과 팀장이 집으로 찾아와 향후 발생되는 모든 피해에 대해 책임지겠다는 서약서에 사인하라고 하였다고 하였다. 그리고 이 부분에 대한 손해배상까지 해야 하는 상황이 발생된다고 하여 어쩔 수 없이 교사가 구해지기 전까지 근무를 하기도 한다고 했다.

학습지 교사의 경우 위탁계약서 작성과 동시에 이행보증보험에 가입한다. 이행보증보험은 회비의 수금, 입금의 하자 및 업무 수행 전반에 있어 불이행 또는 이행 지체 등으로 발생되는 회사의 손해(실)를 담보하기 위해 가입하도록 하는 보험이다. 이 보험으로 인해 교사가 무단 퇴사할 경우 회사는 보험회사에 손해배상액을 청구하고 보험회사는 교사들에게 이를 청구하게 되는 것이다. 퇴사는 어느 한쪽이 아닌 회사와 학습지 교사 양쪽의 문제이다. 원하는 날짜에 퇴사할 수 없다는 것은 학습지 교사 입장에서도 다른 일을 할 수 있는 시간, 비용 및 심적인 손해를 분명히 보는 일인데도 회사 측만이 어떠한 손해도 보지 않겠다는 불공정 계약이다. 현실적으로 퇴사는 회사에서 준비가 되고 허락이 떨어져야만 가능한 것이다.

2) 보수의 성격과 내용 측면 : 임금성 요소

근로기준법 제2조 제1항 제5호에서는 "임금이란 사용자가 근로의 대가로 근로자에게 임금, 봉급, 그 밖에 어떠한 명칭으로든지 지급하는 일체의 금품을 말한다."고 정의하고 있다. 판례는 임금의 법적 성격과 관련하여 임금은 사용자가 근로의 대가로 근로자에게 지급하는 일체의 금품으로서, 근로자에게 계속적·정기적으로 지급되고 그 지급에 관하여 단체협약, 취업규칙 등에 의하여 사용자에게 지급 의무가 지워져 있다면, 그 명칭 여하를 불문하고 모두 임금에 포함된다는 견해를 취하고 있다.[28] 근로기준법상 임금이 되기 위해서는 ① 근로의 대가로서(대가성), ② 계속적이고 정기적으로 지급되었을 것(계속성과 정기성), ③ 사용자에게 지급 의무가 있을 것(의무성)이 요구되는 것이다(박계룡, 2012 ; 노동부, 2005). 그런데 일부 판결에서 임금의 판단 기준 가운데 '일률성'[29]

---

28 대법원 1999.9.3 선고 98다34393 판결.
29 "일률적"이라 함은 원칙적으로 "모든 근로자"를 지급 대상으로 하여 임

을 추가하는 경우가 있다. 개별 근로자의 특수하고 우연한 사정에 기초하여 지급되는 것이 아니라 모든 근로자에게(또는 일정한 요건을 충족하는 모든 근로자에게) 지급되어야 한다는 것을 갖춰야 함을 요구하고 있는 듯하다(노동부, 2005).

학습지 교사가 받는 수수료가 임금이냐 아니냐는 법원의 근로자성 판단에 있어 핵심적인 요소이다. 이에 대해 서울행정법원과 서울고등법원은 학습지 교사를 임금을 받을 목적으로 종속적인 관계에서 근로를 제공하는 근로기준법상의 근로자로 보기는 어렵다고 판결하였다. 이유는 학습지 교사들이 받는 '수수료'는 이행 실적에 따라 그 지급 여부 및 지급액이 결정되므로 학습지 교사 상호 간 지급받는 수수료에는 차이가 있으며, 같은 교사라도 실적에 따라 매월 지급받는 수수료가 달라지기 때문이다.

법원에서 학습지 교사의 '수수료'를 임금으로 인정하지 않는 이

금이 지급되기로 정하여져 있을 것을 의미한다. 근로자의 직급 등에 따라 그 지급액에 차이가 생기는 것은 해당 임금을 통상 임금에 포함시키는 데 문제가 되지 않는다. 즉, "모든 근로자"에 대해서뿐만 아니라 "일정한 조건 또는 기준에 달한 모든 근로자"에게 지급되는 것이라면 일률적이라고 볼 수 있다. 다만, 여기서 말하는 "일정한 조건"이란 "고정적인 조건"이어야 하며 일시적, 유동적 조건은 제외된다(대법원 1990.11.7 선고 90다카 6948 판결, 1992.5.22 선고 92다 7306판결, 1993.5.27 선고 92다20316 판결, 1994.5.24 선고 93다31979 판결, 2005.9.9 선고 2004다 41217 판결).

유는 이를 성과급으로 판단하고 있기 때문이다. 고용노동부는 임금 유형의 하나인 성과급 중에서도 최소한도가 보장되는 성과급은 '통상 임금'으로 인정하나, 근무 실적을 평가하여 지급 여부나 지급액이 결정되는 성과급은 임금에 해당되지 않는다고 정의하고 있다. 법원의 판결대로라면 이행 실적에 따라 지급 여부 및 지급액이 결정되는 수수료는 '임금'이 아닌 것이다. 근로자란, 직업의 종류에 관계없이 임금을 목적으로 사업이나 사업장에 근로를 제공하는 자이기 때문에 학습지 교사는 '임금을 목적'으로 한 근로자가 될 수 없는 것이다.

그러므로 학습지 교사가 매월 받는 '수수료'가 임금으로 인정받기 위한 요건들을 충족하고 있는지를 파악해보는 것은 매우 중요하다 하겠다. 이 중 수수료라고 하더라도 매월 정기적으로 정해진 날에 회사로부터 지급받는 부분은 명확히 증명될 수 있는 요건이다. 따라서 수수료가 근로의 대가로 지급되는 것인지와 기본급 또는 고정급의 의미를 부여받을 수 있는지, 임금에 해당하는 요건을 수수료가 충족하는지를 중심으로 살펴보고자 한다.

(1) 보수가 근로 자체의 대가적 성격을 갖는지

사용자가 근로자에게 지급하는 금품이 임금이기 위해서는 그것이 '근로의 대가' 즉, 근로 제공에 대한 반대급부라야 한다. 따라서 근로의 대가가 아니라면 임금에 해당한다고 볼 수 없다(노동부, 2005). 다시 말해 사용자가 근로자에게 지급하는 것 중 근로자가 사용자의 지휘 · 감독하에서 행한 근로의 대가적인 성격을 가지는 것만을 임금으로 본다(한국마케팅연구원, 1993).

서울행정법원은 학습지 교사의 근로자성 판단에 있어 '원고 교사들은 자신들의 노무 제공의 대가인 수수료만으로 생활하면서 업무 수행 과정에 있어 상당한 정도로 참가인의 지휘 · 감독을 받는 사람'이므로 노동조합법 제2조 제1호에서 정한 '기타 이에 준하는 수입에 의하여 생활하는 자'에 해당하는 노조법상 근로자라고 인정하였다. 이 부분에 있어서는 수수료를 '노무 제공의 대가'라 인정한 것이다. 그러나 이행 실적에 따라 그 지급 여부 및 지급액이 결정된다는 이유로 근로기준법상 근로자임은 부정하였다. 반면 서울고등법원은 '수수료'가 학습지 교사들의 유일한 수입원이라고 단정할 만한 충분한 증거가 없으며 겸직에 대한 제한도 없으므로 '수수료'를 타인과의 사용종속관계하에서 임금 · 급료 기타 이에 준하는 수입에 의하여 생활하는 자라고 보기 어렵다고 판결하여 노조법상 근로자임도 부정하였다.

학습지 교사는 일정 시간 회사에서 제공하는 교재를 바탕으로 업무를 수행한다. 그 업무를 수행함으로써 실적에 따라 매월 차이가 있기는 하나 정해진 날짜에 수수료를 받는다. 서울고등법원은 '수수료'가 학습지 교사들의 유일한 수입원이라고 단정할 수 없다는 점과 겸직에 대한 제한도 하고 있지 않기 때문에 이를 임금의 성격으로 인정할 수 없다고 한다.

위탁계약서에는 '겸직 제한'에 대한 문구가 들어가 있지 않다. 그러나 필자가 신입교사 교육을 받을 당시 겸업은 금지라고 분명히 전달받았으며, 이는 계약 해지의 요건이 된다고 하였다. 계약서든 교육 내용이든 겸업 제한에 대한 내용이 없다 하더라도 현실적으로 이 일을 하면서 겸업을 한다는 것은 불가능하다. 신입교사들은 6개월간 매일 지점으로 출근해야 한다. 오전 9시 30분까지 출근해서 오후 9시~10시에 퇴근하는 상황에서 다른 일을 할 수 있는 물리적 시간은 허락되지 않는다. 재택근무를 하는 교사들은 신입교사보다는 시간적 여유가 있다. 이들은 오후 2~3시경 관리구역으로 출근하여 오후 9~10시에 퇴근하기 때문에 오전 9시부터 오후 1시까지는 시간적 여유를 가질 수 있다. 그러나 이 경우에도 주 2회는 지점으로 출근해야 하기 때문에 결국 여유 시간은 일주일에 3일, 오전 4시간 정도뿐이다. 그 시간에 일을 할 수 있다고 해도 최저시급 기준으로 일주일에 약 7만 원[30] 정도의 부가 수입을 올리는 게 고작이다. 물론 학습지 교사로 활동하면서 받는 수수료가 '유일한 수입원'은 아니지 않느냐고 할 수도 있겠지만, 이 정도의 부가 수입밖에 벌지 못하는 시간적 여유 때문에 수수료를

---

30 2015년 최저 시급 5,580원×3일×4시간=66,960원

'유일한 수입원'으로 인정하지 않는 것도 무리가 있다고 생각된다.

위탁계약서 내 '겸직 제한'은 사실상 겸직이 불가하므로 굳이 넣지 않아도 되는 문구인 것이며, 이는 결국 학습지 교사의 수수료는 '유일한 수입원'일 수밖에 없는 것이다.

(2) 기본급이나 고정급이 정하여져 있는지

① 정착지원금

학습지 교사의 수수료에는 기본급이나 고정급이 정해져 있지 않다. 단지 신입교사들에 한해 6개월간 '정착지원금'이 지급된다. '정착지원금'은 신입교사들의 경우 처음부터 받을 수 있는 회원 수가 많지 않기 때문에 어느 정도의 수수료를 보정해주기 위한 것이라 할 수 있다. 신입교사들은 기존 교사가 퇴사하면 '대체'되는 형태로 들어오게 된다. 그렇기 때문에 관리 구역 역시 전 교사가 관리하던 구역을 받게 된다. 신입교사들이 받는 관리 구역을 살펴보면 공통점들이 있다. 이미 교사가 여러 차례 바뀐 지역이라는 점, 지역이 이동하기 어려운 주택단지이거나 외곽 지역이라는 점, 가구의 수입이 높지 않다는 점이다. 소위 말하는 '좋은 구역'[31]은 5년

---

31 좋은 구역이란, 아이들이 많이 거주하고 아파트 단지 등 이동이 쉬우며, 가구 소득이 높아 과목 추가 등이 일어날 가능성이 있는 구역을 의미한다.

이상 근무한 교사들이 대부분 관리하고 있고 신입교사들은 그 외 구역을 맡게 된다. 결국, 좋지 않은 구역을 받은 교사들은 수입이 높지 않고 생각보다 일이 힘들어 쉽게 그만두게 되고 다시 해당 지역에 신입교사가 투입되는 식의 악순환이 일어나게 된다. 상황이 이렇다 보니 '정착지원금'은 신입교사들에게는 수수료 측면에서 많은 도움이 된다. 회사 입장에서도 일정 기간 교사를 근무하도록 유인하는 방법으로 활용할 수 있다.

정착지원금[32]은 지급 기한이나 매월 지급되는 금액의 차이가 있기는 하지만, 신입교사라면 누구에게나 지급되는 '기본급'으로 해석 가능하다.

② 수수료의 구성

학습지 교사의 수수료는 성과급제[33]다. 주어지는 기본급 없이

---

32 A사의 경우 6개월까지 10만~40만 원의 정착 지원금을 신입교사에게 지급하고 있다.

33 근로자의 작업 시간에 관계없이 작업 성과나 능률을 기준으로 하여 임금을 지급하는 제도를 말하며, 단순 성과급제, 차별 성과급제, 일급 보장 성과급제 등으로 나눈다. 단순 성과급제는 제품 1개당 임률을 정하고, 여기에 실제로 생산한 제품의 개수를 곱하여 계산하는 개수 임금제이며, 차별 성과급제는 하루의 표준 작업량을 정해놓고, 표준 성과를 올린 근로자에게는 높은 임률을, 작업 성과에 미달된 근로자에게는 낮은 임률을 곱하여 계산하는 제도이다. 일급 보장 성과급제는 일정한 한도까지는 최

과목당 수수료율을 정하고 여기에 실제 행한 수업 과목 수를 곱하여 계산하는 단순 성과급제이다. 최근 기업들은 인건비에 대한 부담을 줄이고, 경영 성과를 극대화하기 위하여 인건비 유연화 정책을 적극 도입하는 움직임을 보이고 있다. 특히 기업의 입장에서는 경영성과급, 특별성과급 등 각종 성과급제를 도입·운용함으로써 근로자들에게 생산 의욕을 고취시키고, 인건비의 변동급 비중을 확대함으로써 일정한 경영 성과 창출 및 이윤의 안정적 확보를 기대할 수 있다(박은규, 2013). 성과급제는 실적을 달성해야만 그에 상응하는 보상을 받을 수 있기 때문에 최선을 다해 업무에 임하게 된다. 그러나 지나친 경쟁과 성과 위주의 문화는 근로자 간 연대를 약화시키고 성과 달성을 위해 무모한 방법을 사용할 가능성을 낳기도 한다.

서울고등법원은 학습지 교사들이 지급받은 수수료는 그들이 제공한 업무의 내용이나 시간에 관계없이 객관적으로 나타난 위탁 업무의 이행 실적에 따라 그 지급 여부 및 지급액이 결정되고, 그리하여 학습지 교사 상호 간에 매월 지급받는 수수료에는 큰 차이가 있을 뿐만 아니라 동일한 학습지 교사가 매월 지급받는 수수료도 그 실적에 따라 달라지기 때문에 수수료를 근로의 대가인 임금

저 일급을 보장하고, 그 이상의 작업량에 대해서는 성과급으로 지급하는 시간급과 성과급의 절충 형태이다(미래와경영, 2006).

에 해당한다고 보기 어렵기 때문에 근로자라 할 수 없다고 해석하고 있다.

학습지 교사는 매월 14일 회사로부터 수수료를 지급받는다. 수수료율은 연차에 따라 최저 42%부터 최고 60%까지 분포되어 있다. 수수료의 대부분을 차지하는 것은 실제 수업하는 과목에 대한 회원 관리 수수료이다. 매월 입회 및 휴회 등으로 약간의 차이는 있기는 하나 대부분의 학습지 교사는 이를 '고정급'[34]으로 이해한다. 회원 관리 수수료는 교육비, 과목 수 및 수수료율로 계산된다. 과목 수는 회원 수와는 다른 의미이다. 한 회원이 1과목에서 많게는 5과목까지 수업을 받을 수 있기 때문에 회원 관리 수수료는 '과목 수'를 기준으로 하여 계산된다. 회원 관리 수수료는 수수료율에도 영향을 받기 때문에, 동일한 과목 수를 수업하더라도 연차가 오래되어 수수료가 높은 교사가 더 많은 수수료를 받는다. 이것이 법원에서 이야기하는 학습지 교사 상호 간 지급받는 수수료의 차

---

34 고정급은 생활·연공·능력·직무·실적 등의 기준을 반영하여 결정된 보수를 성과와 무관하게 근무 시간에 따라서 미리 정한 정액급으로 지급하는 방식이다. 이는 실적에 따른 보수 지급 방식인 성과급의 반대 개념으로 사용된다. 지급 기간에 따라 시급제·일급제·주급제·월급제·연봉제의 형태를 취하는데 정식 직원인 경우는 월급제를 일반적으로 채택한다. 한편, 업적급·능률급·유인급·장려급 등으로 불리기도 하는 성과급(成果給, bonus)은 직무 수행의 결과 또는 산출고를 기준으로 결정하는 보수를 말한다(박문각, 2014).

　　　　　　　　　　　　　　　　제4장 근로자성 판단 요인

이와 매월 받는 수수료의 차이를 발생시킨다.

그러나 앞서 이야기한 것처럼 수수료율의 차이는 '연차'이다. 오래 근무할수록 수수료율이 높아지는 것을 의미하는데, 일반 근로자 역시 직급에 따라 기본급은 같으나 연차에 따라 기본급의 차이가 발생한다. 즉, 기본급이 금액으로 올라가느냐 아니면 율로 올라가느냐의 차이라고 할 수 있다. 만약, 동일한 과목 수를 수업하더라도 신입과 경력 사이에는 최고 26만 원까지 수수료 차이가 날 수 있다.

[표 16] 수수료율에 따른 수수료 현황[35]

신입교사 (수수료율 42%)	경력교사 (수수료율 50%)	경력교사 (수수료율 60%)
30과목 수업(A과목 15개, B과목 10개, C과목 5개) (교육비X과목수)X수수료율= {(48,000원X15)+(50,000원X10)+(44,000원X5)}X0.42 604,800원	720,000원	864,000원

회원 순증 수수료는 신규 과목이 늘어났을 때 일시적으로 15,000원에서 20,000원을 지급받는 수수료이다. 즉, 신규 과목이 발생했을 때 교사는 해당 과목의 수수료 42%~60% 외에 추가

---

35 A사 수수료 기준에 의거 필자 작성.

로 수수료를 받는다. 그러나 이 금액은 해당 과목에서 회원의 이사 또는 수료로 휴회가 발생하였을 시 다시 회사에 반납해야 한다. 미리 받았다가 다시 돌려주는 보증금과 같은 의미라 할 수 있다. 만약 당월 신규 과목이 1개이고 휴회 과목이 3개인 경우 교사는 수수료에서 많게는 4만 원까지 회사에 입금해야 하는 것이다.

[표 17] 신규 및 휴회에 따른 회원 순증 수수료 현황[36]

신규 과목이 3개, 휴회 과목이 3개인 경우	신규 과목이 5개, 휴회 과목이 3개인 경우	신규 과목이 1개, 휴회 과목이 3개인 경우
0원	30,000원~40,000원	(−)40,000원~(−)20,000원*

주　* 회원 관리 수수료에서 (−)된 금액을 제외한 후 교사에게 입금됨.

회원 관리 역량 수수료는 지점장의 평가를 받아 추가로 받을 수 있는 수수료를 의미한다. 즉, 출석, 매출, 휴회 및 신규 회원(과목) 유입 등의 여러 가지 지표를 기준으로 매월 도전교사를 선정, 해당 목표를 달성하면 수수료 외 추가로 3%의 수수료를 더 받을 수 있다. 이에 대한 관리는 지점장에 의해 이루어지며 지표별 목표를 달성하면 월 3만~10만 원 정도 받을 수 있다. 단, 이 목표는 매월 달성해야 한다. 한 번 달성했다고 하여 지속적으로 받을 수 있는 게 아니라, 매월 달성했을 시 그리고 지점장의 판단하에 받을 수

36　A사 수수료 기준에 의거 필자 작성.

있는 수수료이다.

개인 매출 수수료는 학습지 교사들이 매월 받는 수수료를 많이 늘릴 수 있는 유일한 항목이다. 매출 수수료는 전집 또는 수업을 위한 관련 제품을 판매한 후 판매 금액의 20%를 받는 것을 의미한다. 전집의 경우 가격이 최고 60여만 원까지 책정되어 있기 때문에 약 12만 원을 판매 당월 수수료로 받을 수 있다. 12만 원이면 신입교사가 6~8과목을 추가로 수업해야 받을 수 있는 금액이다. 만약 이미 시간표가 꽉 차 있어 추가로 더 수업할 수 없는 경우, 교사가 수수료를 더 받기 위해서는 판매밖에는 방법이 없다.

그러나 시장이 어려워지면서 회사에서는 매출을 높이기 위한 전략으로 제품 할인 전략을 자주 사용한다. 즉, 전집류의 할인과 수업 제품의 단가를 낮추는 전략으로 교사들에게 지급하는 판매 수수료도 함께 낮아지고 있다. 결국 회사는 할인 전략으로 발생되는 손실을 교사들의 수수료를 함께 낮춤으로써 최소화하고 있는 것이다.

③ 성과급을 임금으로 인정한 판례

학습지 교사의 수수료는 성과급 체계에 의해 계산된다. 고용노동부에서 제시하는 임금의 기준에 따르면, 근무 실적을 평가하여 지급 여부나 지급액이 결정되는 성과급은 임금에 해당되지 않는다. 그러나 성과급이라도 정기적이고 계속적으로 지급되거나, 일

정한 기간을 정하여 지급액이 확정되는 경우에는 임금에 해당된
다고 판시한 사례[37]들이 있다.

[표 18] 상여금 또는 성과급에 대한 임금성 여부 판례[38]

판시일	판례번호	요지	임금 여부	요건
1999. 8.12.	서울지법 98가합110919	단체협약이나 취업규칙에 상 여금 지급에 대한 규정이 없 고, 그에 관한 노사 간의 합 의도 존재하지 않은 경우, 포 상금이 근로의 대가인 임금 에 해당하려면 이것이 정기 적 · 계속적으로 지급되어야 할 뿐 아니라 그 지급액이 일 정하거나 적어도 일정한 기 준에 의하여 미리 예정되어 있어야 한다.	X	1) 계속적 · 정기 적으로 지급될 것 2) 상여금 지급에 대한 근거가 마련 되어 있을 것 3) 지급액이 확정 (예정)되어 있을 것
2002. 10.25.	대법 2000두9717		O	
2001. 10.23.	대법 2001다 53950	회사의 경영 실적의 변동이 나 근로자들의 업무 성적과 관계없이 근로자들에게 정기 적 · 계속적 · 일률적으로 특 별생산격려금이 지급되어왔 다면 이는 근로계약이나 노 동 관행 등에 의하여 사용자 에게 그 지급 의무가 지워져 있는 것으로서 임금에 해당 된다.	O	1) 정기적 · 계속 적 · 일률적 지급 (이로부터 사용자 의 지급 의무가 간주됨)

---

37 서울지법 98가합110919 판결, 대법 2000두9717 판결, 대법 2001다
53950, 2002재다388 판결.

38 노동부, 「임금제도 개편을 위한 노동법적 과제」, 2005, 14~16쪽.

2003. 2.11.	2002재다388	포상금은 피고가 매년 같은 시기에 같은 비율에 따라 지급하는 것이 아니라 피고가 일방적으로 정한 지급 시기와 지급 액수, 지급기준에 따라 지급하는 것이기는 하지만, 주력 사업을 위한 직원들이 영업 활동은 결국 피고에 대하여 제공하는 근로의 일부라고 볼 수 있어 포상금은 근로의 대가로 지급되는 것이라고 보아야 하고, 기록에 나타난 자료에 의하면 포상금 지급은 해마다 그 지급 시기는 다르나 매년 한두 차례 시행되는 것이 관례화되어 있으며, 해마다 미리 지급 기준과 지급 비율을 정하고 그에 따라 계산된 포상금을 지급하는 것인 이상 이를 은혜적인 급부라고 할 수도 없다.	1) 사용자에게 지급 의무가 있을 것 2) 근로의 대가일 것 3) 정기적·계속적으로 지급되었을 것 4) 일정한 요건을 충족한 경우 그 지급이 지급 거절이 불가능함으로써 은혜적 급부가 아닐 것 O

이러한 성과급이 임금에 해당하는 여부에 대한 판례는 그것이 정기적이고 계속적으로 지급되거나, 일정한 기간을 정하여 지급액이 확정되는 경우에는 임금에 해당되는 것으로 보고 있다. 이와 달리 불확정적인 경우에는 설사 근로계약, 취업규칙, 단체협약 등에서 지급의 근거를 밝히고 있다 하더라도 임금에는 해당되지 않는다고 보고 있다.[39]

---

39 대법원 1995.5.12 선고 94다55934 판결 참조.

그렇다면, 학습지 교사들이 매월 지급받는 수수료는 성과급 형태로 계산되긴 하나 그 성격에 있어 성과급으로 인정받은 판례에서 제시하는 요건들을 충족하고 있는지를 본다면, 이 또한 근로의 대가로 받는 임금이라고 해석할 수 있을 것이다.

판례에서는 공통적으로 임금성 판결 기준으로 정기적·계속적·일률적으로 지급되어야 함을 제시하고 있다. 위의 기준을 바탕으로 학습지 교사의 수수료를 살펴본다면 정기적이고 계속적으로 지급되고는 있으나 개인의 실적에 따라 지급 금액이 결정되는 학습지 교사의 수수료는 근로의 대가인 임금으로 인정하기 어렵다고 볼 수 있다.

그러나 수수료 제도의 실질적인 운영 실태를 살펴보면, 지급 기준에 있어 교사들이 관리하는 과목 수가 회사의 매출 증감에 영향을 직접적으로 미치며, 이를 고려한 수수료 체계를 바탕으로 운영되고 있다는 큰 틀은 변함이 없고, 영업 활동에 따른 수수료 비율 또한 일정하다는 점, 개인 입장에서는 실적에 따라 지급 금액의 차이는 발생하나 지급률은 연차에 따라 동일하게 적용된다는 점을 보았을 때 '일률적'으로 지급되는 수수료라 해석할 수도 있다. 즉 매월 정해진 날짜에 정기적이고 계속적으로 지급되며, 일률적 금액은 아니나 일률적인 비율로 금액이 산정된다는 점으로 접근하여 해석한다면 수수료도 임금이 갖추어야 할 요건을 충족한다고 할 수 있을 것이다.

제4장 근로자성 판단 요인

수수료가 일률적이라고 이야기할 수 있는 또 하나의 근거가 있다. 필자의 경우 신입으로만 활동하여 평균적인 수수료를 이야기하기 어려운 부분이 있으나, 일정 기간 이상이 된 교사들의 경우 '난 평균 ○○○원 정도 받아'라는 형태로 자신이 받는 수수료에 대해 이야기한다. 즉, 매월 받는 수수료의 금액이 똑같지는 않아도 비슷한 수준에서 형성된다는 것이다. 지점에서는 매월 휴회한 과목보다 입회한 과목이 많은 순증을 목표로 제시한다. 그러나 여건상 순증이 되지 않는다면 적어도 휴회한 과목 수와 입회한 과목 수를 맞추라고 이야기한다. 이럴 경우 지점 성과가 최소 (−)가 되지는 않기 때문이며, 교사 개인의 입장에서도 수수료의 변동이 발생하지 않기 때문이다. 최소 이러한 목표는 달성하고자 교사의 회원 및 수업 과목을 관리하기 때문에 수수료의 변동 폭이 크지 않은 것이다.

3) 다른 사정 및 독자적 사업자성 측면

(1) '사회보장제도에 관한 법령' 등 다른 법령에 의하여 근로자로서의 지위를 인정받는지

국민권익위원회에서 최근 3년간 접수된 특수형태근로종사자 관련 민원을 분석한 결과에 따르면, 총 2,306건의 민원 중에서 사회보험, 보수, 부당해고, 계약서, 퇴직금, 근로 시간, 모성 보호 등이 다수를 차지한 것으로 나타났다. 국민권익위원회는 특수형태근로종사자가 근로자로서 인정을 받지 못함에 따라 근로기준법 등 고용보험법제의 적용, 근로 3권 및 사회보험 등의 보호대상에서 제외되었기 때문에 이런 민원이 제기되고 있다고 진단하였다(국민연금연구원, 2010).

2008년 7월 1일부터 특수형태근로종사자들을 대상으로 산업재해보험(이하 산재보험)이 적용되었다. 산업재해보상법 제125조[40]

40　산업재해보상법 제125조 ① 계약의 형식에 관계없이 근로자와 유사하게 노무를 제공함에도 근로기준법 등이 적용되지 아니하여 업무상의 재해로부터 보호할 필요가 있는 자로서 다음 각호의 모두에 해당하는 자 중 대통령으로 정하는 직종에 종사하는 자(이하 이 조에서 "특수형태근로종사자"라 한다)의 노무(勞務)를 제공받는 사업은 제6조에도 불구하고 이 법의 적용을 받는 사업으로 본다. 〈개정 2010.1.27〉 1. 주로 하나의 사업에 그 운영에 필요한 노무를 상시적으로 제공하고 보수를 받아 생활할 것 2. 노무를 제공함에 있어서 타인을 사용하지 아니할 것
② 특수형태근로종사자는 제5조 제2호에도 불구하고 이 법을 적용할 때에는 그 사업의 근로자로 본다. 다만, 특수형태근로종사자가 제4항에 따라 이 법의 적용 제외를 신청한 경우에는 근로자로 보지 아니한다. 〈개정 2010.1.27〉
③ 사업주는 특수형태근로종사자로부터 노무를 제공받거나 제공받지 아니하게 된 경우에는 이를 대통령령으로 정하는 바에 따라 공단에 신고하여야 한다.

(특수형태근로종사자에 대한 특례)에 따르면, 계약의 형식에 관계 없이 근로자와 유사하게 노무를 제공함에도 근로기준법 등이 적

---

④ 특수형태근로종사자는 이 법의 적용을 원하지 아니하는 경우 보험료 징수법으로 정하는 바에 따라 공단에 이 법의 적용 제외를 신청할 수 있다. 다만, 사업주가 보험료를 전액 부담하는 특수형태근로종사자의 경우에는 그러하지 아니하다.

⑤ 제4항에 따라 이 법의 적용 제외를 신청한 경우에는 신청한 날의 다음 날부터 이 법을 적용하지 아니한다. 다만, 처음 이 법의 적용을 받은 날부터 70일 이내에 이 법의 적용 제외를 신청한 경우에는 처음 이 법의 적용을 받은 날로 소급하여 이 법을 적용하지 아니한다.

⑥ 제4항과 제5항에 따라 이 법의 적용을 받지 아니하는 자가 다시 이 법의 적용을 받기 위하여 공단에 신청하는 경우에는 다음 보험연도부터 이 법을 적용한다.

⑦ 제1항에 따라 이 법의 적용을 받는 특수형태근로종사자에 대한 보험관계의 성립·소멸 및 변경, 법 적용 제외 및 재적용의 신청, 보험료의 산정·신고·납부, 보험료나 그 밖의 징수금의 징수에 필요한 사항은 보험료징수법에서 정하는 바에 따른다.

⑧ 특수형태근로종사자에 대한 보험급여의 산정 기준이 되는 평균임금은 고용노동부장관이 고시하는 금액으로 한다.〈개정 2010.6.4.〉

⑨ 특수형태근로종사자에 대한 보험급여 지급사유인 업무상의 재해의 인정 기준은 대통령령으로 정한다.

⑩ 제9항에 따른 업무상의 재해가 보험료 체납기간 중에 발생한 경우에는 대통령령으로 정하는 바에 따라 그 업무상의 재해에 따른 보험급여의 전부 또는 일부를 지급하지 아니할 수 있다.

⑪ 특수형태근로종사자에 대한 보험급여의 지급 등에 필요한 사항은 고용노동부령으로 정한다.〈신설 2010.1.27., 2010.6.4.〉

용되지 아니하여 업무상의 재해로부터 보호할 필요가 있는 자를 이 조항의 적용받는 사업으로 정의하였다. 산업재해보상법상 특수형태근로에 대한 특례 조항이 적용되는 과정을 살펴보면, 근로기준법상의 근로자가 아니어야 하며, 전속성·계속성·비대체성 요건을 갖추어야 하고, 시행령상 적용 직종으로 규정되어 있어야 하며, 보험료를 사업주와 특수형태근로자가 반씩 부담하는 경우로 규정하고 있다.

이 과정에서 가장 중심이 되는 판단 기준은 '사용종속관계'이다 (장우찬, 2014). '사용종속관계'는 근로기준법상 근로자성 판단에 있어서도 중요한 요소로 법원은 학습지 교사의 사용종속관계를 계속 부정하고 있다. 그러나 산업재해보상법 적용에 있어서는 사용종속관계가 존재한다고 판단, 시행령상 적용 직종으로 규정되어 해당 법의 적용을 받고 있다. 물론 산재보험이 필수가 아닌 선택이라는 것과 보험료를 일반 근로자와는 달리 사업주와 50 : 50으로 납부해야 한다는 점 등으로 전체 가입률은 매우 저조한 상황이나, 산재보험 적용 직종이라는 것은 일부 사용종속관계가 인정된 것이라 볼 수 있을 것이다. 또한, 사용종속관계 정도에 따라 사업주가 전체를 부담하는 경우도 발생 가능하다는 것은 향후 특수형태근로종사자들의 근로자성을 논의하게 되어 '사용종속성'을 판단할 때 긍정적인 영향을 끼칠 수 있을 것으로 보인다.

[그림 2] 상여금 또는 성과급에 대한 임금성 여부 판례[41]

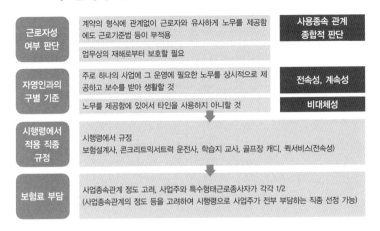

그러나 현재 산재보험 가입률은 여전히 평균 9.2%로 낮으며, 직종 간 편차도 매우 크다. 이러한 차이는 대부분의 적용 대상자가 입직 시 '적용 제외 신청'을 통해 산재보험 당연적용 제도로부터 빠져나가고 있기 때문으로 분석되었으며(국회입법조사처, 2012), 산재보험료를 추가로 부담해야 하는 회사 측 입장에서 산재보험 대신 상해보험에 가입하도록 다양한 방식으로 회유하고 있는 것도 원인이다.

---

41 장우찬, 「산재보험법상 특수형태근로종사자 적용 특례 조항의 비판적 검토」, 『노동정책연구』, 14(1), 2014, 155~185쪽.

[표 19] 특수형태근로종사자 산업재해보험 가입률[42]

연도	학습지 교사	레미콘 운전자	보험설계사	골프장 캐디
2008년	9.5%	37.4%	17.7%	4.2%
2012년	7.1%	28.6%	9.2%	3.6%

필자 역시 신입 입문 교육 마지막 날 보험 가입에 대한 안내를 받았으나, 교육생 전체가 상해보험에 가입하였다. 보험 가입과 관련하여 산재보험과 상해보험을 비교하며 개인별 선택을 유도하지만, 설명 자체는 '상해보험이 더 낫다'라고 판단될 내용들로 구성되어 있었다. 먼저 신청 건수에 있어서도 산재보험보다 상해보험이 많다는 점, 비용에 있어서 산재보험은 회사와 개인이 반씩 부담하나 상해보험은 모든 금액을 회사에서 부담한다는 점, 그리고 산재보험은 보험금을 타기 위해 처리해야 할 절차가 복잡하고 제출해야 할 서류가 많으나 상해보험은 간단하다는 내용으로 비교표가 구성되어 있었다. 그러나 전체 학습지 교사 중 10% 미만이 가입한 산재보험과 90% 이상이 가입한 상해보험의 신청 건수를 비교하는 것은 그 자체가 의미가 없다. 또한, 산재보험료를 회사와 개인이 반씩 부담한다는데 매월 얼마씩 납입하는지에 대한 정보도 없으며, 산재보험은 어떤 서류를 제출하기 때문에 복잡한 것

42　국회입법조사처, 『산업재해보상보험법상 특수형태근로종사자 가입 특례 조항의 입법 영향 분석』, 2012, p.12

인지에 대한 설명도 없었다. 그리고 더 중요한 것은 이렇게 주어진 정보에 따라 가입하는 상해보험이 어떠한 회사의 상품인지, 보장 내역은 어떠한지 등에 대해 아무것도 모르고 가입하게 된다는 사실이다.

2015년 산재보험률을 보면, 교육서비스업의 산재보험률은 0.007%이다. 근로복지공단에서 제시하는 학습지 교사의 산재보험료 및 보험급여 산정의 기초가 되는 보수액은 1,610,750원이다. 이 보수액을 기준으로 산정한 학습지 교사의 연간 산재보험료는 112,752원이며, 이 금액을 회사와 교사가 반씩 부담한다면 매월 약 5,638원 정도를 부담하게 된다.

[표 20] 산재보험 Vs. 상해보험[43]

구분	산재보험	상해보험
목적	• 재해 근로자의 재활 및 사회 복귀를 촉진하기 위하여 시행되는 것	• 사고로 인하여 신체에 상해를 입은 경우 규정에 따른 보험금 지급
보험료	• 회사&교사 각 5,638원 • A사의 6,000명 기준으로 예상 보험료는 월 33,828,000원	• 회사가 전액 부담 • 정확한 보장 내용 확보가 어려워 보험료 산출 불가

43　산재보험 : 근로복지공단(http://www.kcomwel.or.kr/comp/disa_idx.jsp) 홈페이지 참조.
상해보험 : 인터넷을 통한 관련 내용 조사(http://blog.naver.com/achchacap/220309617918, http://cafe.naver.com/boboh/609) 및 보험사 직원에게 문의하여 필자 작성.

보장 내용	• 업무상 재해에 대한 치료비 • 산재 승인 기간 중 평균 임금 70%에 달하는 휴업급여 • 장해 잔존 시 장해급여 • 재발 시 재요양, 간병료 등	• 골절, 화상, 상해에 대한 진단비, 수술비, 치료비
가입 방법	• 강제적으로 가입 • '적용제외신청서' 작성 시 가입하지 않을 수 있음	• 장기 계약, 20명 이상 시 직원 사인 없이 가입 가능 • 100명 이상 시 할인율 적용
비고	• 사측은 산재 처리를 꺼려함*	• 보험료를 경비로 처리 가능해 법인세 절세에 도움

주* 사측은 산재 종결 이후 손해배상의 문제 발생, 공단 조사 결과에 따라 손해배상액의 과실 비율이 달라지고 산업안전과 관련된 규정 위반 등의 책임 소재, 산재요율 산정 시 불이익, 향후 산업안전 점검, 근로감독 시 우선순위 사업장이 될 가능성 등의 이유로 산재 처리를 꺼려한다.

사측에서 이렇듯 산재보험 가입을 꺼리는 이유는 여러 가지가 있겠으나, 이 중 학습지 교사를 대상으로 산재보험이 아닌 상해보험 가입을 유도하는 이유는 두 가지로 정리해볼 수 있다. 첫째, 근로자로서의 인정, 즉 사용종속성을 어느 정도 인정한 산업재해보상법을 인정하지 않겠다는 입장으로 보인다. 근로기준법상 근로자성 인정 시 "'사회보장제도에 관한 법령' 등 다른 법령에 의하여 근로자로서의 지위를 인정받는지"가 판단 기준에 포함되어 있다. 산재보험은 사회보장제도[44]인 사회보험 중 하나로 근로자들

---

44 사회보장제도는 사회보험, 공공부조, 사회복지제도로 구분, 이때 사회보험은 산업재해, 건강, 연금, 고용보험을 의미한다. 이때 산업재해와 고용

이 업무상 재해를 입었을 시 이를 보장해주기 위한 목적으로 시행되는 제도이다. 2007년 산재보험법 개정을 통해 특수형태근로종사자에 대한 특례제도가 신설되어 2008년 7월부터 시행되고 있으며, '근로자'와 차별적인 '특수형태근로종사자'라는 개념을 도입하여 운영되고 있지만, 이는 향후 학습지 교사들의 '근로자성' 논의 시 영향을 미칠 수 있는 요소가 될 수 있을 것이다. 이러한 이유로 산재보험 가입 시 비용적인 측면 및 신청 시 번거로움 등을 내세워 상해보험 가입을 유도하고 있는 것으로 보인다. 둘째, 사측이 부담해야 할 보험료의 차이로 볼 수 있겠다. 단체 상해보험의 경우 그 규모가 클수록 입찰 형태로 이루어지게 된다. 이때, 보장 내역 역시 회사 측에서 어떤 내용을 포함하느냐에 따라 천차만별이다. 정확하게 학습지 교사들을 대상으로 한 상해보험료가 연간 어느 정도 납입되고 있는지를 필자 입장에서 파악하기는 불가능하였으나, 일반적으로 단체 상해보험의 경우 인당 2~3만 원(연) 정도의 보험료가 책정되고 있다[45]고 한다. 이것을 교사 6,000명을 기

보험은 근로복지공단에서 관리하는 것으로 근로복지공단은 근로자의 복지 증진을 위해 설립된 중정부기관이고 근로자를 위해 일하는 기관이다. 따라서 근로복지공단에서 운영하는 산재를 인정한다는 것은 결국 근로자로서의 지위를 인정하는 것이라 판단 가능하기 때문에 비용적인 측면을 내세워 가입을 회유하는 것으로 보인다.

45 보험의 경우 보장 내역 및 인원 수 등 정확한 데이터를 기반으로 산출해

준으로 산정하면 연간 약 1억 2천만~1억 8천만 원 정도의 보험료를 납부하게 될 것이라 할 수 있다. 이 금액이라면 산재보험료의 1/3 수준으로 사측의 부담이 줄어든다고 할 수 있겠다.

필자는 가입된 보험에 대해서 입사 3개월 후 처음 지점 교육을 통해 들을 수 있었다. 지점장이 상해보험과 관련된 1장의 안내문을 주었으며, 자세한 약관 등에 대해서는 본인도 알지 못한다고 이야기하였다. 단지, 문제가 발생 시 관련 서류를 제출하면 처리 가능한 건은 처리해주겠다고 이야기하였다. 교사들 대부분 본인이 산재보험과 상해보험 중 어느 보험에 가입되어 있는지에 대해 자세히 모르고 있었으며, 신청하는 이들도 보지 못했다고 하였다. 필자가 근무하는 동안 한 교사가 퇴근 시 다리를 다치는 사고가 발생하였다. 이 사고로 인해 4주간 깁스를 하고 있어야 했으며, 수업을 나갈 수도 없었다. 이런 경우 수업을 하지 않기 때문에 교사가 받을 수 있는 수수료는 0원이 된다. 상해보험에 가입되어 있으니 보험 처리를 해야 하지 않느냐고 물었을 때 지점에서도 처리 절차도 복잡하고 증명하려면 힘드니까 그냥 넘어가자고 결론을 내렸다고 하였다. 그 교사는 팀장과 정규직이 되기 위한 바로 전 단계인 예비 팀장을 바라보던 교사였다. 명확히 보험 처리

야 하는데 그에 대한 데이터를 수집하지 못하여, 보험회사에 근무하는 지인을 통해 일반적인 비용을 기준으로 제시함.

등의 문제가 예비 팀장 선발에 영향을 결정적으로 미치는 것은 아니나, 되도록 복잡한 상황을 만들지 않고자 하는 의지가 보였다. 이는 지점 내 지점장 및 팀장도 같은 의견인 것으로 보였다. 결국, 해당 교사는 개인 상해보험으로 병원비를 처리하였으며, 한 달 동안은 수입이 없는 채 생활해야 했다.

경영계에서는 비용 등 부정적인 측면을 강조하여 특수형태근로종사자들의 사회보험 가입을 반대한다. 근로자의 복지 증진을 위한 산재보험, 직장인 건강보험, 연금보험, 고용보험 가입이 가능한 근로자로 인정하고 기업 부담으로 경제적 처우를 개선하자는 노동법적 보호 방안은 기업의 부담 증가로 경영 악화를 초래할 것이라고 주장한다. 또한, 산업에 따라 이미 시장이 포화상태이거나 영세기업이 많아 비용 증가를 감내할 여력이 없는 경우 산업 자체에 위기를 초래할 수 있으며, 그 결과는 특수형태근로종사자들의 대량실업을 야기할 수 있다(경총 노동정책본부, 2013)고 주장한다. 곧 특수형태근로종사자들의 근로자성 인정은 기업에 악영향을 가져오게 될 것이라는 분석이다.

[표 21] 4대보험, 근기법, 노조법이 모두 적용될 경우 경제적 비용[46]

구분	일자리 변동	산업의 추가 발생 비용	국민 경제적 후생 손실
보험설계사	4만 5천 개 감소	3조 2천억 원	1조 1천억 원 추가 발생
학습지 교사	9천 개 감소	1조원	400억 원 추가 발생
레미콘 운전자	4천 개 감소	7,000억 원	840억 원 추가 발생
골프장 캐디	3천 개 감소	1,300억 원	150억 원 추가 발생

이러한 입장은 특수형태근로종사자들의 사회보험 가입이 확대될수록 근로자와 특수형태근로종사자들의 구분이 더 명확해질 수도 있고, 아니면 그 정의를 새롭게 하기 위한 또 다른 논의가 이루어질 수 있는 상황에서 향후 논의 발생 자체를 차단하겠다는 입장임을 알 수 있다. 또한, 이러한 논의로 인해 발생될 수도 있는 비용적인 측면의 손실을 감내하지 않기 위해 사측이 교묘히 상해보험으로의 가입을 유도하고 있는 것이라 할 수 있겠다.

(2) 근로 제공 관계의 계속성

근로 제공 관계의 계속성이란, 근로계약 기간이 만료됨과 동시

---

46 조준모 외, 『특수형태 근로종사자 보호에 관한 경제학적 이해』, 해남, 2007, 265~332쪽 내용을 요약 재구성.

에 계약을 갱신하거나 동일한 조건의 근로계약을 반복하여 체결한 경우에는 근로 관계의 계속성이 유지되었다고 보는 것이다.[47]

학습지 교사의 계약 기간은 1년이다. 위탁계약서 제12조 계약 기간에는 "본 계약의 유효기간은 계약 체결일로부터 1년간으로 하며, 계약 당사자 간의 계약 해지 의사 표시가 없는 경우 동일 조건으로 계약 기간은 1년 단위로 자동 갱신된다"고 명시되어 있다. 신입 입문 교육 당시에도 계약서를 다시 작성하거나 하는 일은 없을 것이라고 하였다. 특별한 사안이 없는 한 계약은 자동 갱신되고 대부분의 교사들은 계약이 유지된다고 이야기하였다. 계약 기간이 1년이라는 것은 의미가 없다.

실제 필자가 근무할 당시 전체 30명의 교사 중 5년 이상인 교사가 전체의 66% 이상을 차지하고 있는 것을 본다면, 한 번 계약한 학습지 교사는 계속 근무가 이어지고 있다고 할 수 있다. 어느 한 지역에 국한되어 있기는 하나 2014년 울산 동구청에서 기초자치단체 최초로 학습지 교사의 노동 실태를 조사한 결과를 보더라도 응답자의 52.8%가 5년 이상 학습지 교사로 일하고 있으며, 3년 이상 5년 미만이 16.8%였다. 즉 약 70%에 해당하는 학습지 교사가 3년 이상 동일한 회사에서 근무하고 있는 것이다.

[표 22]에서도 확인되듯, 학습지 교사의 평균 근속 기간, 평균

---

47 대법원 1995.7.11 선고 93다26168 전원합의체 판결.

경력은 증가하고 있으며, 3년 이상 근속자의 수도 50%를 넘어섰다. 2005년까지의 데이터이긴 하나 현재 3년 이상 근무자 수는 더 늘어나고 있음을 필자의 경험 및 위의 사례를 통해 알 수 있다.

[표 22] 학습지 교사의 현 직장에서의 근속 기간 및 평균 경력[48]

구분		2001년	2002년	2003년	2004년	2005년
임금근로자 평균 근속기간(년)		5.3	5.6	5.9	6.3	6.0
근속기간	평균 근속기간(년)	2.1	2.5	2.8	3.0	3.3
	1년 미만(%)	32.3	23.7	20.8	18.0	17.7
	1~3년 미만(%)	37.4	39.6	38.5	37.8	30.2
	3년 이상(%)	30.3	36.7	40.7	44.2	52.1
평균 경력(년)		-	3.4	3.6	3.7	3.9

위탁근로계약을 체결하는 학습지 교사는 동일한 직장에서 계속 근무를 하고 있음에도 불구하고 근로자가 아니기 때문에 근속 연수 증가에 따른 어떠한 보상도 사측으로부터 받을 수 없다. 통상적으로 많은 기업들이 근로자의 장기 근속을 유도하고 근속 기간이 길수록 업무에 기여하는 실적이 높아지는 보상 차원에서 근속수당을 지급하기도 한다. 또한 기업별 차이는 있으나 3~4년에 한

---

48 조준모 외, 앞의 책, 79쪽.

번씩 승진의 기회를 제공함으로써 직급수당을 통해 개인별 임금 인상이 가능하도록 한다. 이외에도 근속 연수 증가에 따른 직급 및 업무 수행에 필요한 교육 및 직무 경험 기회를 제공함으로써 체계적인 경력 개발이 이루어질 수 있도록 한다. 이러한 경력 개발은 직장 내에서 직무 능력 향상을 통한 성과 창출이라는 목적도 있지만, 나아가 개인에게 필요한 중장기적 계획 수립 및 이의 실행하는 지원의 의미도 갖는다. 그리고 계속 근로 연수에 따라 퇴직금도 지급받을 수 있다.

그러나 위탁계약직인 학습지 교사는 근속 연수가 증가해도 승진의 기회 및 기타 금전적 보상을 받을 수 없으며, 근속 연수와 상관없이 비슷한 수준의 수수료율을 임금으로 받으며 생활하게 된다. 본사 차원의 교육이 있으나 이는 개인의 경력개발이 아닌 '제품' 중심의 교육으로 구성되어 있어 개인 차원에서의 경력개발은 불가능하다. 1년 이상 계속 근로하여 하였을 경우 받을 수 있는 퇴직금도 받을 수 없다. 이러한 현실은 개인의 능력 향상 및 노동 환경에 대한 변화를 기대할 수 없게 만든다.

사측은 표면적으로 계약 기간이 1년이기는 하나 다른 조치 없이 계약 연장은 가능한 시스템이기 때문에 계속 근무에 따른 비용, 행정상 처리 및 퇴직금에 대한 문제와 단기 계약으로 인한 채용 및 계약 갱신에 대한 번거로움이라는 두 가지 문제를 계약 형태 변경을 통해 동시에 해결한 셈이다.

제5장
———

결론

결론

   2003년 노사정위에서 특수형태근로종사자들은 근로자인가 아닌가에 대한 정의 문제에 대해 논의가 시작된 후 이제는 그들 또한 사회적 보호를 받는 것이 당연하다는 형태로 논의는 진전되어 진행 중에 있다. 이러한 논의는 특수형태근로종사자 대상의 산재보험 가입 확대와 2018년 8월, 실업급여를 받을 수 있는 고용보험 적용 방안에 대한 심의 및 의결까지 이어져 오게 되었다. 이렇게 논의가 진행된 지 15년이라는 시간, 물론 법적인 어떤 변화도 없는 긴 시간이 지나왔지만, 그들의 존재에 대한 사회적 관심과 특수고용이라는 노동형태에 대한 문제를 꾸준히 제기해 올 수 있는 의미 있는 시간들이었다. 아직 특수형태근로종사자들에 대한 정확한 통계조차 파악하지 못하는 현실 속에서 산재보험, 실업급여 등의 정책들이 얼마나 실효성 있게 적용될 수 있을지 의문이 들기는 하나 이러한 변화를 환영한다.

　본 글에서 이야기한 학습지 교사의 경우도 오랜 시간 근로자성을 인정받기 위한 투쟁을 이어왔다. 2012년 11월 서울행정법원은 근로기준법상 근로자는 아니나 노동법상 근로자의 성격은 인정된다며 학습지 교사의 근로자성을 일부 인정하였었고, 2014년 8월 서울고등법원은 하급심에서 인정받은 노조법상의 근로자성까지도 모두 인정하지 않음으로 학습지 교사와 관련한 근로자성 논의는 다시 원점으로 돌려놓았다.[1] 그러나 2018년 6월, 대법원은 학습지 교사들이 근로기준법상 근로자에 해당하지는 않으나 노동조합법상 근로자에 해당하고, 일부 원고 학습지 교사들에 대한 위탁사업계약 해지는 부당노동행위에 해당한다고 판단하여, 원고 학습지 교사들의 노동조합법상 근로자성을 부정함을 전제로 한 원심을 일부 파기 환송하는 판결을 내렸다. 기존 대법원 판례는 노동조합법상 근로자성 인정범위가 근로기준법상 근로자성 인정범위보다 넓다고 하면서도, 골프장 캐디에 대한 두 건의 사례 외에

1　서울고등법원 판결 이후 만난 B社 노조 관계자에게 상고할 것이냐고 질문했다. 이에 대해 2015년 관계자는 "조금 더 기다려 보려고 한다. 현재 우리 문제에 대해 사회적 관심도가 많이 떨어져 있고 중요하게 보지 않는다. 판결은 '사실'만으로 이루어지는 건 아닌 것 같다. 주변에서 관심을 많이 갖고 있을 때 중요성이 커지는 것 같다. 좀 더 천천히 준비해야 할 것 같다."고 이야기 하였다.

는 실질적으로 노동조합법상 근로자성을 근로기준법상 근로자성과 달리 판단한 사례가 없었고, 노동조합법상 근로자성 판단 기준이 근로기준법상 근로자성 판단 기준과 어떻게 다른지에 대한 구체적인 판시가 없었다. 따라서 금번 판결은 노동조합법상 근로자성 인정범위가 근로기준법상 근로자성 인정범위보다 넓음을 분명히 하였고, 근로기준법상 근로자성 판단 기준과 다른 노동조합법상 근로자성 판단 기준을 구체적으로 판시하였다는 점에 의의가 있으며, 향후 다른 특수형태근로종사자들도 노동조합법상 근로자로 인정받아 헌법상 노동 3권을 적법하게 행사할 수 있을 것이라는 기대를 안겨 주었다.[2]

그러나 여전히 법원은 대법원이 판례로 확립한 근로기준법상 근로자성 판단 기준에 의하면, 학습지 교사들을 근로기준법상 근로자로 볼 수 없다고 판결하고 있다. 즉, 노동조합을 만들고 단체협약을 바탕으로 협상이 가능하다고는 하지만, 고용상의 불평등에서 보호받을 수 있는 근로자는 아니라는 것이다.

이 책에서는 실제 학습지 교사의 노동 과정을 중심으로 근로기준법상 근로자성 판단 기준에 부합하는지 여부에 대해 각 기준별 정리를 시도하였다. 그 결과 학습지 교사는 회사에 고용된 근로기

---

2   대법원 2018.6.15. 선고 2014두12598, 12604(병합) 판결.

준법상 근로자라고 판단할 수 있음을 알 수 있었다.

먼저 업무 수행 내용과 방법이라는 사용종속성 요소에 대해 학습지 교사는 위탁계약을 맺고 있으나 자율적인 재량이 아닌 회사의 관리 감독을 받으며 업무를 수행하고 있음을 알 수 있었다. 업무를 수행하는 데 있어 필요한 의사 결정은 팀장 및 지점장의 결정에 따라야 하며, 실제 정규직 학습지 교사들과 수행하는 업무에 있어서도 크게 다르지 않다. 수행 업무의 내용은 철저히 회사의 학습 시스템 및 지침서를 바탕으로 회원들에게 전달되며, 이때 개인의 역량에 따라 효과의 차이는 있을 수 있으나 동일한 사항으로 전달되고 있음을 알 수 있었다. 업무를 수행하는 장소 및 시간의 자율성에 대해서는 학습지 교사의 업무 자체가 개인이 자유롭게 시간을 배정하는 데 한계가 있음을 회원 관리 수 및 시간표를 통해 드러냈다. 장소 역시 회사에서 지정한 장소에서 업무를 수행하고 있었다. 법원으로부터 공통적으로 근로자성이 부정된 기준 중 하나인 취업규칙 또는 인사규정의 적용을 받는지 여부는 학습지 교사들의 관리지침인 사업관리규정이 명칭만 취업규칙이 아닐 뿐 동일한 내용을 포함하고 있음을 비교를 통해 드러냈다. 이와 관련하여 노동부[3]에서는 "취업규칙이란 당해 사업장에 적용되는 근로

---

3   노동부 행정해석 : 관련 조항 근로기준법 제93조, 회시번호 : 근기 68207-3234, 회시 일자 : 2002-11-16

조건과 복무규율 등에 관한 통일적인 준칙으로서 이러한 내용을 규정하고 있는 것이라면 그 명칭에 관계없이 취업규칙으로 볼 수 있다"고 해석한 사항이 있는 바, 명칭이 다르다고 하여 이의 적용을 받지 않는다고 판단할 수 없음을 드러냈다. 또한 학습지 교사는 개인별 팀별 목표를 관리하는 전형적인 팀제로 관리되고 있음을 알 수 있었으며, 퇴직의 자유가 보장되지 않는 불평등을 겪고 있음을 알 수 있었다.

　하급심과 상급심에서 공통적으로 부정하고 있는 기준은 보수가 근로의 대가성이 아니며 임금의 성격을 지니고 있지 않다는 것이다. 학습지 교사의 보수는 성과에 따라 지급받는 수수료 체계로 운영된다. 보수가 정기적이고 계속적이며 일률적으로 지급되어야 근로의 대가인 임금으로 인정된다. 수수료는 매월 1회 정기적으로 계속 지급되고 있기는 하나 관리하는 과목 수와 수수료율과 해당 월 판매 실적에 따라 산정되기 때문에 매월 그 금액이 다를 수 있으며 동료 교사들과도 금액이 같을 수가 없다. 이 이유로 인해 학습지 교사의 수수료는 임금으로 인정받지 못하며, 이것이 근로자가 아니라고 판단하게 하는 요소가 된다. 그러나 금액의 차이는 있으나 매월 비슷한 금액으로 교사들에게 수수료가 지급되며, 교사들 역시 평균적으로 내 월급이 얼마라고 인지하고 있는 만큼 수수료율에 따른 금액 차이를 일률적이지 않다고 볼 수는 없다. 또한, 성과급을 임금으로 인정한 판례를 바탕으로 이러한 논리를 설명하고자 하였다.

이외 특수형태근로종사자들에게 의무적으로 산재보험 가입을 권고하는 것을 무시한 채 상해보험으로의 가입을 회유하는 사측의 태도는 보험료 절감 및 향후 발생할 수 있는 '근로자성' 논의의 정당성을 배제하기 위한 전략임을 분석을 통해 알 수 있었으며, 근로 제공 관계 역시 1년 계약이긴 하나 그 계약이 지속적으로 유지되는 비율이 높다는 점은 학습지 교사가 충분히 근로자라는 것을 설명하는 자료가 될 수 있다고 생각한다.

필자의 경험을 바탕으로 설명한 데이터이기 때문에 사측의 입장과 국가의은 또한 충분히 다를 수 있다고 생각한다. 그러나 1980년대 정규직이었던 학습지 교사가 특수형태근로종사자가 된 계약상의 변화가 발생하였고, 실제 수행하는 업무 자체가 그때와 현재 달라진 것이 없다는 점, 그리고 학습지 교사의 약 88%가 여성이라는 점을 본다면, 시장 논리에 의해 불리한 고용 형태로 변화되었다는 것을 알 수 있었다.

사람은 일을 한다. 일을 하면 그 노동의 대가로 보상을 받는다. 무급노동이 존재하기는 하나 단지 여성이라는 이유로 그 노동의 대가가 저평가되거나 저임금화되는 것은 불평등하다. 현재 노동 시장에서 일을 하고 돈을 받는다면 일을 하는 자는 '근로자'여야 한다. 그래야만 노동에 대한 임금·근로 시간·휴게·휴일·휴가·해고의 제한 등에 대한 법적 보호를 받을 수 있기 때문이다

(정호영, 2014). 학습지 교사는 일하는 이의 대부분이 여성이라는 이유로 주변화, 저평가되었고, 근로자로 보호받을 수 있는 법의 테두리 밖으로까지 밀려났다. 이로 인해 이 노동에 대한 문제점을 드러내기조차 어려워진 것이다. 특수형태근로종사자인 학습지 교사의 '근로자성' 인정 문제는 우선 여성 노동의 논의를 법의 테두리 안으로 끌어들이기 위한 작업인 것이다. 그래야만 노동에 대해 재평가하고 가치를 인정받을 수 있는 작업이 이루어질 수 있기 때문이다.

이 책은 기존의 근로자성 판단 기준하에 학습지 교사들이 근로자로 인정을 받을 수 있는지 없는지에 대해 설명하였다. 이미 일각에서는 근로자성 판단 기준이 노동시장의 유연성과 업종의 다양성 등을 포괄하지 못하는 한계를 가지고 있다고 지적하며, 판단 기준의 확장 및 해석의 유연성을 제언(윤운채, 2004 ; 조성흠, 2006)하고 있으나, 이 책은 이런 판단 기준의 변화에 앞서 기존의 틀 안에서도 근로자로 인정받을 수 있는 노동이라는 것을 나타내고자 하였다. 지금의 변화라면 기존의 근로자 정의에 포함되지 않는 다양한 근로 형태를 '특수'라는 정의에 포함시키기가 어려워질 것이고, 그 '특수'라는 고용 형태가 점점 '보편'화되어갈 것이다. 이를 위해 현재의 판단 기준에 대한 재정비도 시급히 이루어져야 할 과제가 될 것이다.

이 책이 향후 학습지 교사의 근로자성 판단 시 긍정적인 영향을 미칠 수 있는 데이터가 되길 바라며, 학습지 교사 외 다른 특수형태근로종사자들에 대한 다양한 방법의 연구가 이루어져 사회적인 관심이 조성되었으면 좋겠다.

강숙영, 「사회복지제도가 방문 교사의 직무만족에 미치는 영향 – 서울시 회사소속 방문학습지 교사를 중심으로」, 경희대학교 행정대학원 사회복지학과 석사학위 논문, 2011.

고용노동부, 「특수형태업무종사자 실태조사」, 2011.

공정거래위원회, 「특수형태근로자 업무계약 약관실태 분석 및 연구」, 2004.

구미영, 「대리운전 기사의 근로자성 : 부산지방법원 2013.10.24 선고 2013 구합1929 판결」, 『노동법학』 제49호, 2014, 337~340쪽.

국가인권위원회, 「특수형태근로종사자 권익보호 방안」, 2012.

국민연금연구원, 「특수형태근로종사자의 국민연금 사업장가입 특례적용 방안 연구」, 2010.

국회입법조사처, 「산업재해보상보험법상 특수형태근로종사자 가입 특례 조항의 입법영향분석」, 국회입법조사처, 2012.

김기래, 「특수고용 형태 근로자의 노사관계에 관한 연구」, 단국대학교 노동법학과, 노사관계학과 석사학위 논문, 2001.

김난희, 「특수형태근로종사자의 근로자성 판단 기준에 관한 연구 : 구성작가와 대리운전기사를 중심으로」, 충남대학교 특허법무대학원 일반법무학과 석사학위 논문, 2012.

김명균, 「팀제의 효과적인 운영방안에 관한 연구－행정자치부 사례를 중심으로」, 연세대학교 행정대학원 일반행정전공 석사학위 논문, 2006.

김봉순, 「21세기 여성 유망직종 개발에 관한 연구－학습지 교사를 중심으로」, 『공주영상정보대학』 제8호, 2001, 557~573쪽.

김영미, 「국제노동기준의 국내 수용에 관한 연구－ILO 핵심협약을 중심으로」, 단국대학교 대학원 법학과 박사학위 논문, 2012.

김유선, 「비정규직 규모와 실태－통계청, '경제활동인구조사 부가조사'(2013.3) 결과」, 한국노동사회연구소, 2013.

김유성, 『노동법 I』, 법문사, 2005.

김은령, 「사교육 산업의 고용구조에 대한 연구 : 학습지 산업의 방문지도교사를 중심으로」, 이화여자대학교 대학원 사회학과 석사학위 논문, 1995.

김인재, 「특수형태근로종사자의 법적 보호 방안」, 『노동법학』 제31호, 2009, 237~272쪽.

김형배, 『노동법』(제22판), 박영사, 2013.

남은희, 「학습지 교사 고용계약 특성에 관한 연구」, 서울대학교 대학원 사회학과 석사학위 논문, 2000.

박계룡, 「근로기준법상 임금지급원칙에 관한 연구」, 고려대학교 대학원 법학과 석사학위 논문, 2012.

박성국, 「건설기계 특수고용직의 실태와 노사관계 연구 : 레미콘트럭, 덤프트럭을 중심으로」, 고려대학교 대학원 노동경제학과 석사학위 논문, 2006.

박수근, 「회사 소유 차량의 도급운송 기사와 산재법상 근로자성 : 대법원 2010.5.27 선고 2007두9471판결」, 『노동법학』 제35호, 2010, 411~414쪽.

박은규, 「임금의 개념에 관한 연구」, 한양대학교 법학과 박사학위 논문, 2013.

박제성, 「근로자성에 관한 대법원의 법고창신(法古刱新) : 대법원 2006.12.7 선고 2004다29736 판결」, 『노동법연구』 제23호, 2007, 69~88쪽.

박종화, 「우리나라 사교육 시장의 현황 분석과 경영 관점에서의 시사점에 대한 연구」, 한국교통대학교 대학원 경영정보학과 석사학위 논문, 2014.

배권탁, 「특수형태근로종사자 보호 방안(입법)에 관한 연구 : 학습지 회사ㆍ학습지 교사를 중심으로」, 고려대학교 노동대학원 노사관계학과 석사학위 논문, 2008.

변종춘, 「근로기준법상의 근로자의 범위」, 『법조협회』 제463호, 1995, 5~47쪽.

봉소정, 「특수고용직 노동자의 실태 및 개선방안 : 구성작가를 중심으로」, 인제대학교 정치외교학과 석사학위 논문, 2006.

안미수, 「비정규 여성 노동자 조직화 사례 : 부산지역 학습지 교사 조직을 중심으로」, 신라대학교 사회정책대학원 여성학과 석사학위 논문, 2001.

오상호, 「독일의 근로자개념과 근로자성 판단」, 『강원법학』 제44권, 2015, 347~390쪽.

유규창, 『학습지 교사 실태조사 및 발전방향』, 중앙경제사, 2004.

유규창ㆍ박우성ㆍ류문숙, 「학습지 산업과 학습지 교사의 공동발전을 위한 연구」, KSHRM, 2003.

윤상환, 「건설업 특수고용노동자의 실태와 개선방안」, 부경대학교 경영대
　　　학원 노동관계학과 석사학위 논문, 2012.

윤애림, 「특수고용 노동자의 특성과 노동자성 쟁취 투쟁의 방향」, 『질라라
　　　비』 제31호, 2005, 11~12쪽.

─────, 「ILO 『고용 관계 권고』와 한국의 특수고용 입법논의」, 『노동법학』,
　　　제23호, 2006, 157~183쪽.

─────, 「산재보험법의 특수형태근로종사자 특례제도의 문제점과 대안」,
　　　『노동법연구』 제33호, 2012a, 47~91쪽.

─────, 「화물운송 차주겸 기사의 근로자성」, 『노동법학』 제44호, 2012b,
　　　169~205쪽.

─────, 「간병인의 근로자성과 노동법적 보호 방안」, 『노동법학』 제48호,
　　　2013, 279~315쪽.

윤운채, 「근로자성 판단 기준의 해석론과 입법론적 고찰」, 서울시립대학
　　　교 경영대학원 노사관계학과 석사학위 논문, 2004.

이상호, 「근로자의 판단 기준에 관한 연구」, 숭실대학교 대학원 법학과 석
　　　사학위 논문, 2007.

이영배, 「요양보호사의 근로자성」, 『노동법학』 제35호, 2010, 267~292쪽.

이영자, 「신자유주의 노동시장과 여성 노동자성 : 노동의 유연화에 따른
　　　여성 노동자성의 변화」, 『한국여성학』, 20(3), 2004, 99~138쪽.

이준호, 「팀제 활용을 위한 성과평가」, 『한국정책연구』 제9호, 2006,
　　　125~141쪽.

이창현, 「특수형태근로종사자 보호에 관한 연구」, 성균관대학교 대학원
　　　법학과 석사학위 논문, 2008.

이후송, 「특수형태근로종사자의 실태분석 및 노동법적 보호 방안에 관한

연구」, 고려대학교 노동대학원 노동법학과 석사학위 논문, 2011.

임상민, 「전속 지입차주인 운송 기사의 근로자성 : 대법원 2013.7.11 선
고 2012다57040 판결을 중심으로」, 『저스티스』 제141호, 2014,
290~326쪽.

임정민, 「특수형태근로 관계의 노동법적 보호 방안」, 충북대학교 일반대
학원 법학과 석사학위 논문, 2014.

임창희·가재산, 『한국형 팀제』, 삼성경제연구소, 1995.

임현희, 「특수고용직의 여성화 사례 연구 : 대구지역 방송사 구성작가직
을 중심으로」, 계명대학교 여성학대학원 여성학과 석사학위 논문,
2004.

장우찬, 「근로자성 판단에 있어서의 '실질' : 대구지방법원 2013.4.5 선고
2012나20336 판결」, 『노동법학』 제46호, 2013, 353~358쪽.

―――, 「산재보험법상 특수형태근로종사자 적용 특례 조항의 비판적 검
토―특수형태근로종사자에 대한 산재보험료 부담의 타당성 문제
를 중심으로」, 『노동정책연구』 14(1), 2014, 155~185쪽.

장의성, 「우리나라 특수형태근로종사자의 노동법적 보호 방안에 관한 연
구―입법 정책적 방안을 중심으로」, 고려대학교 대학원 법학과 박
사학위 논문, 2005.

장화익, 「특수고용의 국제동향」, 『국제노동브리프』 5(5), 2007, 25~42쪽.

전명숙, 「노동시장 유연성론의 한계 : 의류산업 사례를 중심으로」, 이화여
자대학교 대학원 여성학과 석사학위 논문, 1994.

정재훈·김수현·오주연, 「특수고용 형태업무종사자 산재보험 적용방
안 : 퀵서비스, 택배, 간병을 중심으로」, 『산업관계연구』 21(3),
2011, 153~177쪽.

정호영, 「근로자성을 둘러싼 이야기」, 『노동법률』 제276호, 2014.

조경배, 「독립노동과 유사근로자 그리고 위장자영인」, 『민주법학』 제25호, 2004, 298~335쪽.

─────, 『비정규 노동과 법』, 순천향대학교 출판부, 2011.

조성흠, 「특수형태근로종사자의 근로자성에 관한 연구 : 연예인을 중심으로」, 동국대학교 대학원 법학과 석사학위 논문, 2006.

조순경, 『노동과 페미니즘』, 이화여자대학교 출판부, 2005.

─────, 『노동의 유연화와 가부장제』, 푸른사상, 2011.

조순경 · 한승희 · 정형옥 · 정경옥 · 김선욱, 『간접차별의 이론과 여성 노동의 현실』, 푸른사상사, 2007.

조용만, 『특수고용 관계 종사자의 근로자성 인정 여부에 관한 노동법적 접근』, 한국노동연구원, 2003.

─────, 「골프장 경기보조원의 노조법상 근로자성 : 서울고등법원 2011.9.2. 선고 2010누22308 판결」, 『노동법학』 제40호, 2011, 340~343쪽.

조준모 · 이해춘 · 안경애 · 안준기, 『특수형태근로종사자 보호에 관한 경제학적 이해』, 해남, 2007.

조준모, 「특수형태근로 보호에 관한 법경제학적 소고 : 보험설계인, 골프경기보조원 및 학습지 교사에 관한 실증분석」, 『노동정책연구』 제3권 제5호, 2003, 31~65쪽.

최은영, 「특수고용 형태 여성 노동자의 조직화에 관한 연구」, 이화여자대학교 대학원 여성학과 석사학위 논문, 2001.

최상철, 「특수형태근로종사자의 노사관계에 관한 비교연구 : 레미콘운송차주, 덤프운송차주, 화물운송차주를 중심으로」, 고려대학교 노동대학원 노사관계학과 석사학위 논문, 2007.

─────, 「재능교육 박성훈 회장의 미소는 학습지 교사의 피눈물 – 임금삭

감 폭력만행에 맞서다」, 『정세와노동』 제39호, 2008, 45~52쪽.

통계청, 「경제활동인구조사 근로형태별 부가조사 결과」, 2002~2017년.

──, 「2014년 8월 경제활동인구조사 근로형태별 부가조사 결과」, 2014.

──, 「한국표준직업분류(KSCO)와 국제분류 연계표」, 2014.

──, 「2014년 하반기 지역별고용조사 ─ 취업자의 산업 및 직업별 특성」, 2015.

하갑래, 『근로기준법』(제25판), (주)중앙경제, 2013.

한국고용정보원, 『주부재취업 도전직업 60』, 휴먼컬처아리랑, 2014.

한국고용정보원 직업연구센터, 『2013 한국 직업 전망』, 한국고용정보원, 2013.

한국노동연구원, 「임금제도 개편을 위한 노동법적 과제 ─ 임금직무체계 혁신 사업 연구」, 노동부, 2005.

한국마케팅연구원, 「근로기준법상의 임금이란 근로의 대가적인 것만을 의미」, 『경영과마아케팅』 제27권, 1993, 96~97쪽.

한태영, 『인사평가와 성과관리』, 시그마프레스, 2013,

황명수, 「특수형태근로종사자의 고용 관계에 관한 연구 : 콘크리트 믹서트럭 소유 운전자를 중심으로」, 고려대학교 노동대학원 노사관계학과 석사학위 논문, 2009.

Connell, R.W., *Gender*, MA: Blackwell Publishing Ltd., 2002.

Custers, Peter, *Capital Accumulation and Women's Labour in Asian Economies*, London: Zed Books, 1997.

Dickinson, T.D. & Schaeffer, R.K., *Fast Forward Work, Gender and Protest in a Changing World*, Oxford: Rowman & Littlefield Publishers INC.,

2001.

ILO, *Empowerment Relationship Recommendation*, 95th Session, Geneva:
ILO, 2006.

──, *THE Employment Relationship:An annotated guide to ILO recommenda-
tion*, No. 198: ILO, 2007.

Milkman, Ruth, *Gender at Work:The Dynamics of Job Segregation by Sex During
World War Ⅱ*, 1987[루스 밀크맨, 『젠더와 노동』. 전방지 · 정영애
역, 이화여자대학교 출판부, 2001].

Millman, Marcia & Kanter, Rosabeth Moss, *Another Voice:Feminist Perspectives
on Social Life and Social Science*, New York: Anchor Books, 1975.

Ruggie, Mary, *The State And Working Women: A Comparative study of Britain
and Sweden*, Princenton: Princeton University Press, 1984.

Quine, W.V.O., *From a Logical Point of View*, 1953[W.V.O. 콰인, 『논리
적 관점에서 ─ 경험주의의 두 가지 도그마』, 허라금 역, 서광사,
1993].

Tilly, Louise A. & Scott, Joan W., *Women,Work and Family*, 1987[루이스 A.
틸리 · 조앤 W. 스콧, 『여성 노동 가족』, 김영 · 박기남 · 장경선
역, 후마니타스, 2002].

Walby, Sylvia. *Theorizing Patriarchy*, 1990[실비아 월비, 『가부장제 이론』,
유희정 역, 이화여자대학교 출판부, 1996].